图解服务的细节
036

店頭＜手書き＞ボードの描（か）き方·作り方

店长手绘POP引流术

[日] 中村心 著
余湘萍 译

人民东方出版传媒
People's Oriental Publishing & Media
東方出版社
The Oriental Press

Contents

Contents

Contents

前 言

撰写此书的契机，源自我一位好朋友的一句话“请你帮帮我吧”。

她于前年开始经营一家酒吧，这是她一直以来的梦想。

她调制的鸡尾酒非常棒，刚开业的时候顺利地收获了很多的粉丝。然而，自从附近开了家以廉价为卖点的连锁酒吧以后，她的客源急剧减少。

她从毕业以后一直给别人打下手，努力地存钱，这是她好不容易经营起来的店，不甘心让店就此关门。

我建议她先尝试着制作传单和官网主页。但是，无论是她还是我，都没有能拿得出来的资金，也没有能自己制作主页的电脑技术。

有没有即使没钱、没专业技能也能立刻招揽顾客的方法呢？

在我边走边思考的时候，一家店的店员吸引了我的目光，他正在店头放置的黑板上拼命地书写着。

那一瞬间，我灵光一闪！

店头放置的书写板，百元（日元）店可以买得到，而且不需要专业知识和技术也能够制作！

想到了这一点，我立即找到有关店头促销工具的书籍进行阅读。

但是，营销顾问老师所写的书几乎都是基于专业技术的、制作大规模招牌的方法，与我们这些刚入行的小经营者缺少些共鸣。

原本到朋友店里来的客人并非专业人士，都是普通的顾客，因此，只要制作吸引像我一样的普通顾客的 POP 就可以了。这就是这本书的起源。

之后，我到商业街进行实地考察，开始了有关“吸引顾客的店头 POP”的调查。

我每天奔走于诸多店铺并拍摄照片。当我积攒了 1 万张以上的 POP 照片的时候，突然意识到了生意兴隆的店、受欢迎的店都存在着相通的规则。

就像成功人士之间有相通的规则一样，吸引客源的店头 POP 之间也有相通的规则。我为了能跟好朋友充分说明这一点，尝试着将这些规则系统化，其结果编写出了本书的“充分利用店头 POP 的 7 大策略、实现差异化的 18 个小妙招”等部分。

至于我这位好友的店铺，在使用加入了巧妙构思的店头 POP 后，渐渐恢复了先前的繁荣，笑容也回到了她的脸上。现在已经成为能够吸引新顾客、也能让回头客流连的客源稳定的店。

真心希望这些技巧也能运用于您的店铺，让您的生意更加兴隆。也不必花费什么成本，所以您不妨一试。

2011 年 2 月

中村心

街头具有『强大集客能力』的店头POP

在此介绍我在观察店头POP的过程中，情不自禁驻足观赏的魅力作品！

店头POP的基础！精简介绍和勤于更新

鱼櫓鱼櫓/东京都中央区

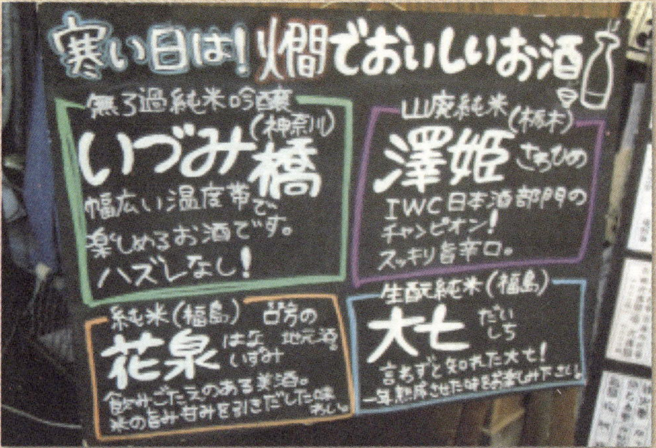

在通过POP来介绍推荐商品的时候，常常会很贪心地“这个那个”都想写上去，但我们要像上图一样集中要点进行POP制作。要写得一目了然，这样让顾客产生“如此推荐的话就试试看吧”的想法的几率就会增加。

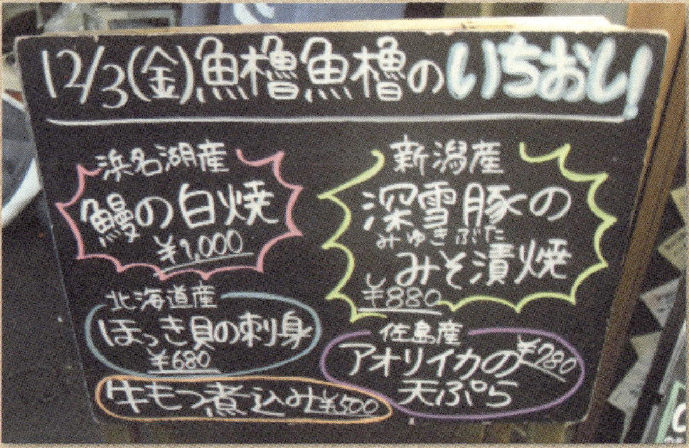

保持店头POP的新鲜度也很重要。如果写完了放那不管，上面总是同样内容的话，店头POP就完全成了店头背景，失去了吸引力。因此我们要注重POP的时常更新，通过每日更换、每周更换等形式，让其成为时刻都能吸引顾客眼球的醒目所在。

POP达人的诞生，吸引顾客的店头POP

青山鲜花市场
饭田桥RAMLA店/东京都新宿区

这是夏季展示的 POP。据店长说，定期更换的 POP 也有粉丝，他们非常期待每次黑板上的新作品。

右边的 POP 放置在店头，上边这张照片上的 POP 放置在店内。可以看出，考虑到色调的平衡，为了不让都是冷色调的 POP 显得过多，而采用了这种布置方式。

这幅杰作让人无法想象是仅用粉笔创作出来的，有很多路人驻足观赏。这一压倒性的绘画能力是该店的一大武器，据说这是花了一个小时左右的时间完成的。

以店头POP来传达对客人的体贴之情

PRONTO 茅场町店/东京都中央区

不仅仅在POP上贴照片，哪怕只有一句话，也要将“商品的卖点”“推荐要点”等信息，以手写的形式加上去，这样就能提高对顾客的吸引力。

这是体现手写POP集客能力的典型例子。将按消费目的分类的传单，和提示预约情况、剩余数量的POP合并起来使用。这样对提高传单的带走率，以及预约、垂询率等有很好的效果。

有效利用单品让店头POP更醒目

鞋专科 门前仲町店/东京都江东区

通过展示实物（长筒靴）有效地吸引了行人的注意力。也能让其对商品的颜色、形状、尺寸的区别以及效果等一目了然。不用特意去花钱购买，店里必定会有一两个可以用于展示的商品。

桌布上和A型展板上所贴的红叶主题的装饰，是用修鞋过程中产生的碎片和剩余皮革制作出来的。材料成本几乎为零，只是下了点功夫就能让店头变得如此华丽。

展示经过自己店清洗前后的真实的靴子，这个展示的效果远比用语言来解释说明要好得多。

为了吸引客人浏览店头POP，在POP上提供一些源自商品或者服务的小知识、信息，也是一种行之有效的办法。对于店里的人来说是常识，然而对于客人来说，却是激发他们兴趣“哎，原来是这样的呀”的内容。

战胜竞争店！将本店的卖点通过POP来介绍

德国居酒屋 JS lennep/东京都千代田区

比起用“丰富”“有各种各样的”这样模糊的字眼，用具体的数字，或者很多的照片，更能向顾客传达“有如此多的种类”的含义。

要积极地宣传店里的招牌商品、卖点等，尤其是“仅限本店”“××限定”这样字眼具有吸引顾客的魔力。在竞争店较多的地区，向顾客展示与其他店的不同之处是招揽顾客的一大要点。

写出具时尚感、并能传递出口感的广告文案！

SNOB'S HEART CAFE
东京都涩谷区

POP不仅可以集中放置于一处，也可以放置于店门的两侧，以便于向两个不同方向行走的人进行宣传。使用双POP的场合，光用黑板的话会让店面色调变暗，使用白板可以很好地将POP区分使用。

像“オーガニックコーヒー organic coffee”这样，不光使用日语，也可以用外语来进行书写，仅这样做就能演绎出时尚的氛围来。请一定记住这种方法。

设计餐饮店的店头POP的关键在于如何让顾客“流口水”。为此，广告文案要写得能让顾客想象出具体的“食用瞬间的口感”来。

一目了然！店头POP的书写要点

1 考虑效果，备齐材料

材料可以在文具店或者建材超市购买。要依据目的来选择材料，想要营造出自然、轻松氛围的话就用粉笔，想要制作出远看也很醒目、华丽的POP的话就选择马克笔。

①书写板：有粉笔用的和马克笔用的。

②粉笔：也有粉蜡笔、荧光色粉笔等。

③马克笔：各种颜色、粗细，种类丰富。

④黑板擦：用于擦掉粉笔字迹。

⑤湿毛巾：能擦掉粉笔和马克笔字迹。

⑥书写板用的喷雾：可以除去难擦的笔迹。

⑦砂纸：用于削粉笔头。

用方头笔写的明朝体的文字。笔头的方向保持不变，竖的笔画写得粗些，横的笔画写得细些。

用方头笔写的粗体风格的文字。不用在意笔顺，要变换握笔姿势，始终用笔芯较粗的部分来书写。

2 慢慢书写以免写坏字

像"あ""な"之类的字有膨胀感，还有像"長"之类的字的横线之间，要整齐地写开一点，以方便阅读。

细字用

粗字用

粉笔头用砂纸削，就很容易写出细的字和粗的字了。

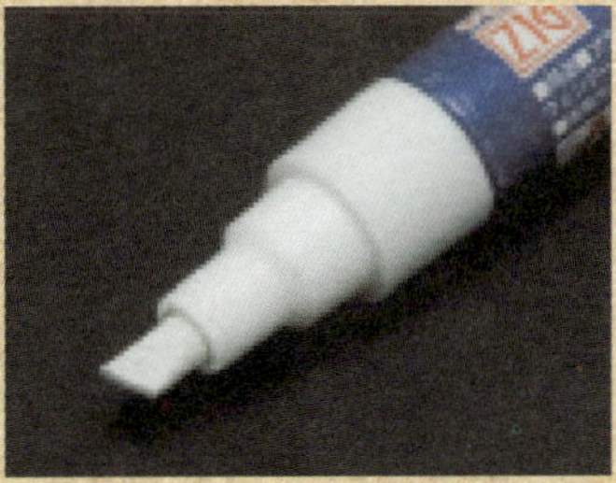

方头笔

最适合写大的字和粗的字。细的字用圆头笔写。

3 字的大小要有起伏变化，字与字之间、行与行之间不要写得太紧

注意不要光用同一种字号来书写。同一行文字，字与字之间间隔要均等，行与行之间要隔开一定距离。

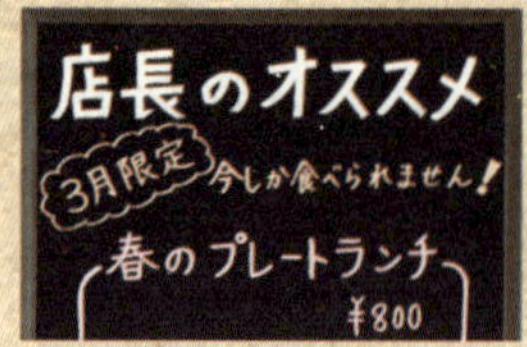

用不同大小的字号来凸显起伏变化。

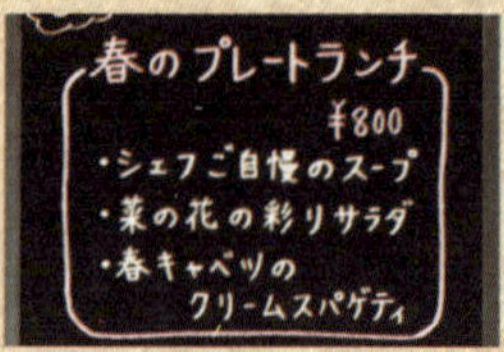

字与字之间、行与行之间不要写得太过紧凑。

NG

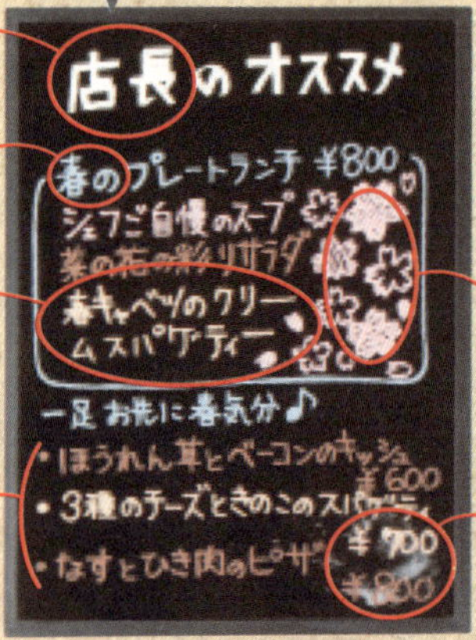

写坏了的文字

与感觉不相符的颜色

换行要注意单词和句节的完整

推荐的商品过多

让文字变得难以看清的插画

没擦干净的痕迹或者污垢是绝对要避免的

4 所使用的颜色略少些

想以插画来取胜的话，色彩种类较少的POP更方便顾客阅读。另外，使用与季节、商品的特性相符的颜色也是要点之一。

5 制作更加方便阅读的店头POP

上面的反面例子乍一看很华丽，但是有很多做得失败的地方。请比较一下正面例子和反面例子，有助于制作出更加方便顾客浏览的店头POP。

Good!

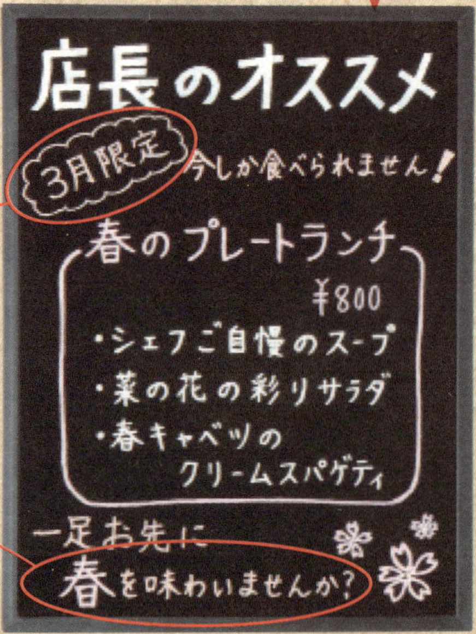

用表达“仅限”意思的字眼来帮助还在犹豫中的顾客下定决心

用搭话一样的广告语让行人驻足

1 充分利用与商品、服务关联的单品！

利用能够代表自己店铺的单品，可以强有力地向顾客宣传“本店是这样的一家店”。即使不花材料费，也可以根据创意制作出非常具有吸引力的店头 POP。

葱屋平吉 深川 Gatharia 店
东京都江东区

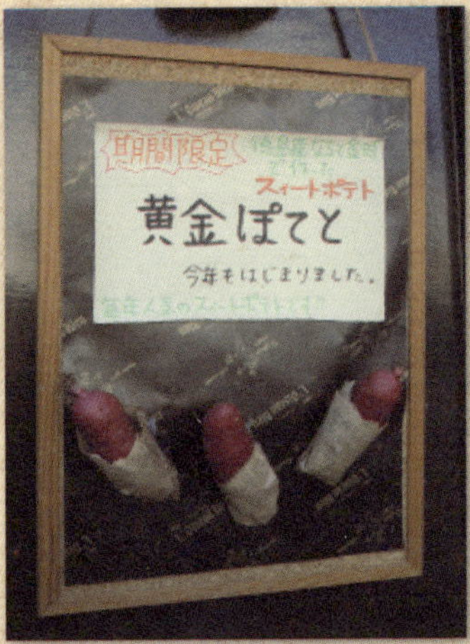

西点 L’Osieau Bleu
东京都江东区

冲绳料理 水姑娘家 门前仲町店
东京都江东区

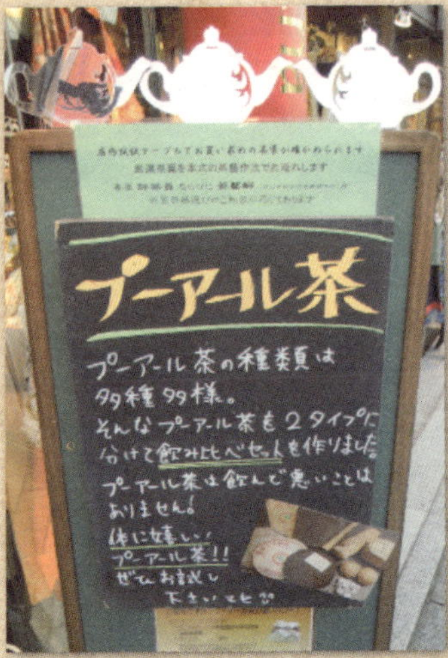

中国茶专家 遊茶
东京都涩谷区

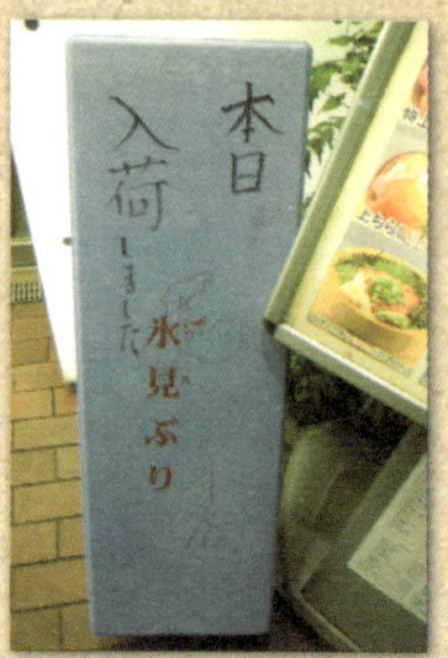

筑地寿司鲜 总店
东京都中央区

越前屋
东京都江东区

BAR KAY
东京都江东区

大众酒场 南洲家
东京都千代田区

角打 山酱
东京都中野区

La Fee Delice
东京都涩谷区

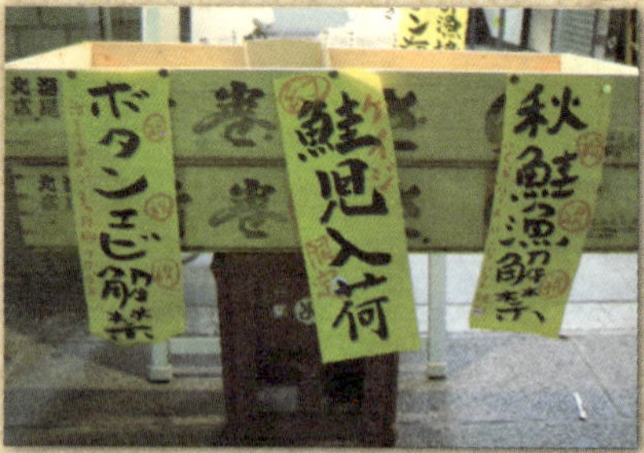

当地酒场 北海道八云町 / 东京都中央区

九州 热中屋 神田 LIVE/ 东京都千代田区

2

让专业人士也大吃一惊！品位超凡的店头POP！

在街上能遇到很多让我觉得『啊，真了不起』的很有艺术感的店头POP，常常让我情不自禁地停下脚步，入迷地欣赏。我在此介绍其中几幅水准较高的POP，请务必参考一下！

THE BARKERY 白金台店
东京都港区

Tsunami Ebisu Tokyo
东京都涩谷区

café de 武
东京都涩谷区

sugusugu
东京都涩谷区

Oshio ATARU 店
东京都中央区

Raffiné 阿美横店
东京都东台区

3

用店里的招牌商品&个性商品来牢牢抓住顾客的心！

店里肯定会有长期畅销商品、人气服务项目、特色卖点等招牌商品。不充分利用这些来制作 POP 就太可惜了！一起来制作富有号召力、能够不断吸引客源的 POP 吧。

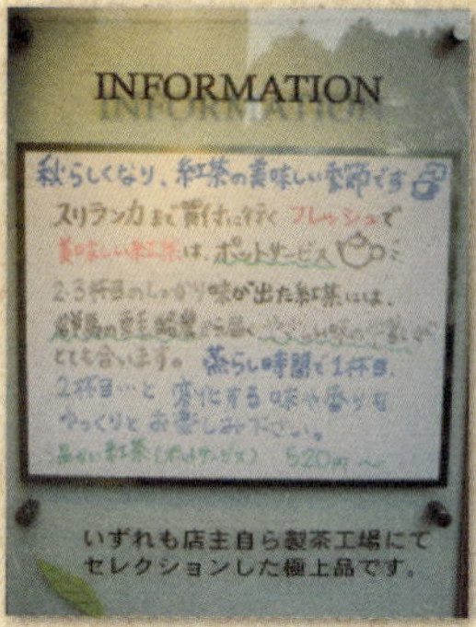

青山 Tea Factory
东京都港区

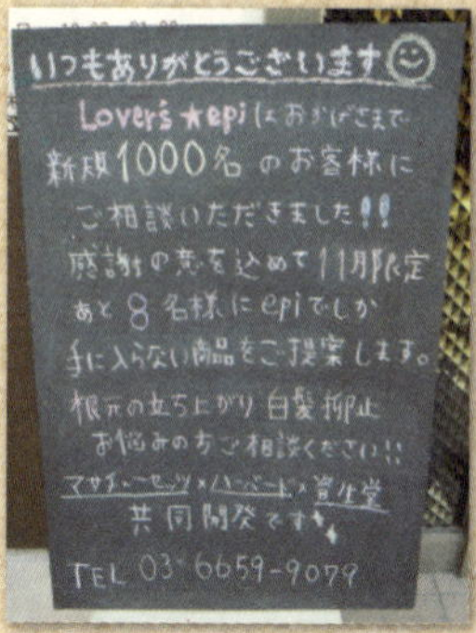

hair & make lover's epi
东京都江东区

HEAT 涩谷店
东京都涩谷区

神田拉面 waizu/ 东京都千代田区

4

『简短的一句话』成为让顾客进店的决定性一击！

在店头 POP 中，来自店里的『简短信息』常常发挥着巨大的威力。像搭话似的一句话，往往意外地成为让犹豫不决的客人下决心进店的关键。如果是你的话，要如何跟顾客搭话呢？

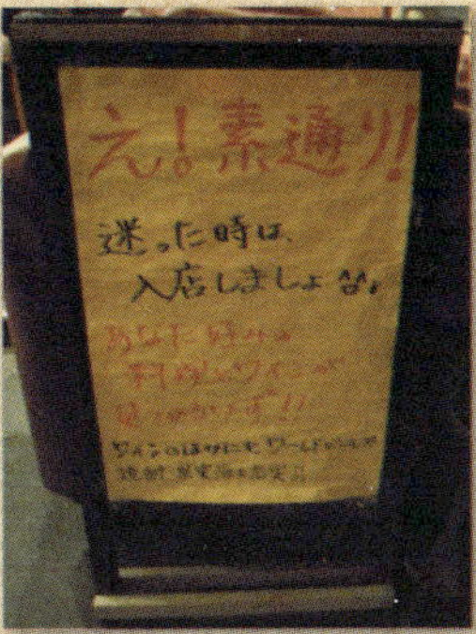

Mumbai Market
东京都中央区

远山药店
东京都江东区

九州 热中屋 神田 LIVE
东京都千代田区

La Fee Delice
东京都涩谷区

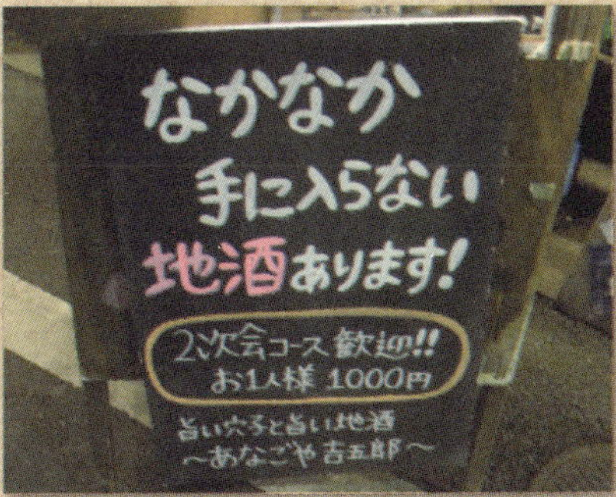

穴子屋吉五郎 / 东京都中央区

咖啡 SKY/ 东京都丰岛区

CHAPTER 1

重新审视店头POP的威力

在能让顾客觉得

“想进去看看”的店铺里，

可以说必定备有“店头POP”。

首先来介绍下店头POP

那不为人知的威力吧！

深思熟虑的旺铺店头 POP ！

一个 POP 就让蛋糕店的气氛变得生动明快，令人向往。
（左 · La Farine/ 东京都港区　右 · BISTRO jeujeu/ 东京都中央区）

逛街的时候，看到许多写着该店的推荐商品、所售商品的店头 POP。餐饮店自不必说，花店、饰品店、面包房、牙科诊所、美容院、美发店、杂货店……不分行业和规模，各种店铺门口附近都放置着店头 POP。

为什么那么多的店铺、公司都要使用店头 POP 呢？

什么都不做，只是等待着顾客上门，这样每天顾客都能蜂拥而至，营业额也随之不断上涨……如果是这样，那真是再好不过的事情了。

然而，现实并非如此。这种如做梦一般的好事，只有在世界知名的一流品牌等极少数店中才会发生吧。

想要很多顾客光临！

想要营业额不断上涨！

想要增加自己店的粉丝，以保障稳定的营业额！

不论哪位店长都有着这样的目标吧。

但是实际上，很多店长也有着如下这些烦恼吧。

- 没有足以花费在广告、宣传上的资金和时间
- 没有制作有效宣传手段的技术
- 客流量很多，但没法拓展新客源
- 到店里来的都是新顾客，常客很少

店头 POP 有着解决这一系列问题，将你的店改造成“易于被顾客选中的”店的魔力。换言之，店头 POP 拥有让顾客产生“想进这

家店”或者“不想进这家店”想法的影响力。

生意兴隆的店会放置经过深思熟虑的店头 POP。人气旺铺的店长们，都深谙有效利用店头 POP 非凡吸引力的技巧。

将路过的行人引导到店内的是“店头 POP”！

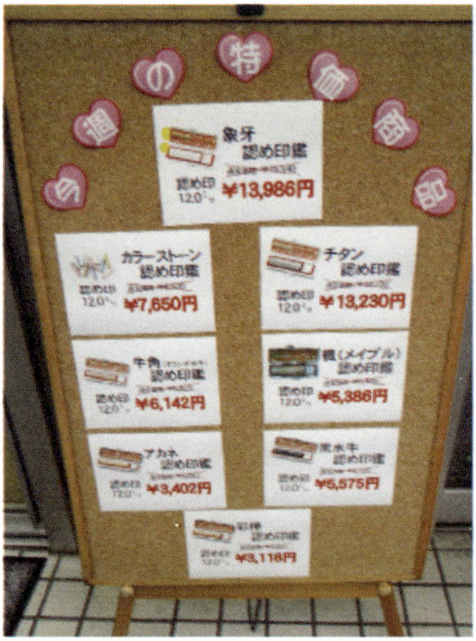

将打折、甩卖等优惠信息传递给顾客，会让顾客不由自主地停下脚步。
（左・印章超市八丁掘/东京都中央区　右・café atabey/东京都千代田区）

我想大家都有这样的经历，虽然原本没有打算进店，但是被店头 POP 吸引，不知不觉就进店了。

相反的，看传单或者网站主页觉得“这家店看上去不错啊”，

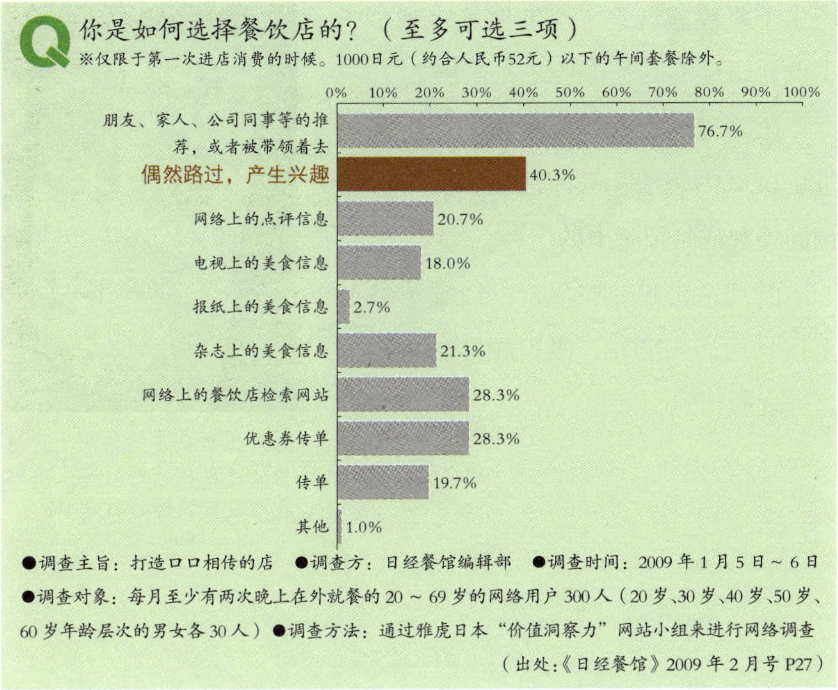

等到了店门口，看到POP，却觉得“这家店和想象的不太一样啊”，随之失去了进店的欲望。大家也有过这样的经历吧？

畅销传单的书写方法、精彩主页的制作方法等，难免有夸大其词的倾向。事实上轻视店头POP的制作，有可能错失很多客源。

请看上方的图表。

这是一份关于餐饮店的调查问卷，关于“初次进店消费时，你是通过何种渠道了解餐厅信息、决定就餐”这一问题，“偶然路过，产生了兴趣就进去了”的回答排到了第二位，超过了很多其他的促销手段。

让路过的行人停下脚步，产生想要进店试试的想法，其原因或许在于有情调的外观或是招牌上的店名。

但是，比起这些因素，能够承载更多信息的店头 POP，吸引顾客的概率应该远远胜出。

因商品名称是“蛤蜊”，想要让顾客联想到大海，而用渔网进行装饰的创意 POP。
（L’ Oiseau Bleu / 东京都江东区）

“手工制作”打动顾客的心！

不需要百分百纯手工制作，只需稍微加一些“手工感觉”的元素，就能变得更具集客魅力。
（左・水姑娘家门前仲町店 / 东京都江东区　右・TORI TON / 东京都江东区）

接下来要介绍各种各样店头 POP 的实例，以及招揽顾客的策略。

原本所谓的“店头 POP”是指下页图中所画的“A 型”“画架型”“菜单架”“悬挂型”“台座型”等类型的 POP。但在本书中，

● 各种店头POP

不仅仅是这些POP，还包括“海报”，甚至是张贴在店门上的一张“A4纸大小的招贴”在内，只要是放置在店门外、起到促销作用的东西，都视作“店头POP”的范畴。

不过，由招牌制作者、设计师等专业人士设计、印刷出来的东西，本书基本不涉及。

如果只要使用专业人士制作的店头POP，就能不断地招来客源的话，那世界上就到处都是生意兴隆的店了。

但是，很遗憾事实并非如此。

我想大家对餐厅经营现状也有不满之处，大家正是抱着“无论如何想要再多一点客源”的想法，才来阅读本书的。

不仅仅使用电脑制作的传单，在角落里哪怕稍许加一些手写的信息，立刻就传递了温情。
（Jolly厨房/东京都江东区）

我站在消费者的立场，以东京为中心，走遍了大约5万家店铺，不仅仅是餐饮店，还包括各种零售店、美发店等，对大量的店头POP进行了调查。其结论用一句话来概括的话，就是：

吸引眼球、让人情不自禁想要进店的店头POP，99%都是手工制作的。

诚然，其中也有专业人士制作的具有很强吸引力的POP。然而，这种场合必定同时还用了手绘的POP，或者在某些地方加入了“手工感觉”的元素。

为什么顾客会被手工制作的东西所吸引呢？

那是因为人都想从人的手里买东西，而不是从物品、机器那里买。这一点，不论今后科学技术如何发达都不会改变，这是人类的心理。

“手工制作的感觉”是很容易就能演绎出来的。正是因为如此，只要在A4大小的一张纸上，写上店长想要传递的信息，或者一点优惠信息的指南，然后张贴在店头就可以了。是否有这么一丁点儿的人情味，对顾客的吸引力却是完全不同的。

这是一个范例，只是将一张纸贴在现有的POP下，就加入了手工制作的味道。
（左·越前家/东京都江东区　右·佃宝/东京都丰岛区）

同时，通过亲自手工制作，就可以充分利用接下来要讲述的店头 POP 的优点，从而让集客变为可能。

那么，再次提问。

店头 POP 到底是什么呢？

诸位肯定认为那种东西不就是促销手段吗。诚然，店头 POP 确实是促销手段之一，但又不“单单是促销手段”。它具有惊人的力量，如果使用得当可以让你的店变成顾客蜂拥而至的人气店。

要记住，“店头 POP 是店长的分身”！

整个 POP 上描述了对咖啡豆精良品质的执着，字里行间都透露着店长的热情和用心。让人产生想要尝一尝的想法。（café atabey/ 东京都千代田区）

一般介绍关于店头 POP 的书籍，基本都是从“什么样的字体比较好呢”开始，讲解文字的大小、宣传语、照片、插画、色彩的使用技巧以及选择展板材料、放置场所等的技巧。当然这些都是重要的技巧，本书也会进行介绍。

但是，在制作店头POP的时候，首先该考虑的不是写漂亮的字，也不是想出别出心裁的宣传语。而是要考虑如何在POP中体现本店的“主旨”“热情”、对顾客的“关怀”“见解”，以及“梦想”，这是很重要的事。

那么，这些感性的部分到底应该由谁来考虑呢？

不是别人，正是“店长”“经理”“老板”。

身为店长，应该既有经营这家店的“想法”和“热情”，也有关于店铺未来的“梦想”。

在撰写有关店头促销工具的书中，常有这样的表述“招牌、店头POP指的就是推销员和营业员”。

仅从招揽客人这个意思上理解的话，确实如此。

但是，用这样的观点去看待店头POP的话，就只能停留在“姑且放置了店头POP”这样的状态。这样就无法最大限度地发挥POP的作用。

店头POP的优点在于，可以将你对待店的“心境”，以及对客人的“情感”完全体现在POP上。它是世上唯一一个能够为店长的策略、想法等进行100%代言的工具。

也可以说，店头POP=“店长的分身”。

并且，正是这样能够反映出店长“心境”的“分身似的店头POP”，可以抓住顾客们的心。

在本书中，要讲述最大限度发挥店头POP威力的策略。

但是，在你往下阅读之前，请将“店头 POP 只是单纯的促销手段”这样的想法抛开，以便能尽可能地用好本书中所叙述的各种策略，这是第一步。

店头 POP 要根据店铺不同阶段的目标区别使用

两个都是很可爱、很棒的店头 POP，但仔细阅读的话，就能发现两家店在策略和想法上的差异。
（左・Grandma's GEORGES / 东京都涩谷区　右・La Farine / 东京都港区）

我家附近有一家人气很旺的咖啡馆，每次都会刊登在杂志的咖啡馆特辑上。这家咖啡馆在刚开业的时候，将杂志上登载的报道张贴在店头 POP 上，以便过往的行人能看得清楚。

到现在，距离开业已过去了四个年头，这家店已经成为了非常受欢迎的店，仍然被很多杂志介绍。然而，在其店头 POP 上却只有介绍“每日新菜单”的内容。

刚开张的时候，务必要让大家知道这家店的存在，那个时候“上过杂志的店”这件事是很大的一个宣传要点。

但是，当这家店成为人气店，不仅是附近的人，连很远的客人都蜂拥而至的时候，就没有必要再特意冠上“上过杂志的店”的名头了。

也就是说，这家店从初开张时期的“让顾客知道本店的存在，让他们进到店里来”这样的目标，转向“为了不让固定的客源流失，而不厌其烦地在每日新菜单等方面下功夫”的经营策略。

每当进入新的发展阶段，店铺的目标和课题都会发生变化。

这种现象不仅存在于咖啡店中。不论什么样的店，在刚开业客源还较少的时候，最重要的是让顾客知晓自身的存在和魅力，让他们到店里来消费、购买。开张后过一段时间，如果出现有新客源而回头客较少的问题，就应该想办法不让顾客产生腻味感。

- ☑ 是什么样的店？
- ☑ 最大的卖点是什么？
- ☑ 价位设定是什么样的？
- ☑ 提供的是何种服务？
- ☑ 本店是面向学生的，面向年轻女性的，还是面向工薪阶层的？

于是，要像左页图中一样，在店头 POP 中加入有助于顾客直观了解店铺的信息。

现阶段本店处于什么样的状态、为了让店变得更好需要做些什么？要充分把握好这些课题。同时考虑如何有针对性地活用后面将要解说的策略，然后在此基础上来尝试制作 POP。

COLUMN

只有“华丽”“可爱”是不行的

在逛街的时候，看到很多店的POP上只有起到装饰店面作用的“装饰物”。

例如，在咖啡馆、西餐馆等的店头POP中，有一些全部是只用外文书写的菜单。路过的时候，如果看到用意大利语写的“antipasto”“capellini”之类的店头POP，你会产生“看上去很美味”“想进这家店试试”的想法吗？

当然，通过店头POP来营造店铺“时尚”“可爱”的氛围，这也是很重要的。

但是，仅靠这个来招揽顾客，只有在很少一部分知名度和人气超群的店里才能行得通吧。

此外，还有不少店头POP仅停留在制造“华丽的气氛”上。写得满满当当、毫无空隙的POP，或者五颜六色的POP，确实很华丽，但是如果没有打动顾客心灵的内容，就起不到促销的作用。

店头POP明明具有吸引顾客的强大力量，却只被用来当作“装饰”，你不觉得很可惜吗？

CHAPTER 2

充分利用店头POP的十大优点

为了充分利用店头POP，

最大限度地发挥其效果，

首先要弄清楚它的优点。

我们来看看店头POP的

十大优点吧！

店头 POP 的优点之

1 牢牢抓住眼前顾客的心

诱使顾客产生进店冲动的店头 POP

首先想要列举的店头 POP 的优点是其具有“速效性吸引力”。

店头 POP 隐藏着将路过店前的所有行人都立刻变为本店顾客的力量。换而言之，它具有诱使顾客冲动进店、冲动消费的诱惑力。

如果是夹在报纸中的广告或者邮寄 DM（Direct Mail，快讯商品广告，简称 DM）的话，顾客在接受邀请后，还必须前往店里去。那样的话，在到店的过程中会产生诸如“突然觉得好麻烦”“遇到了其他更加感兴趣的店”等各种阻碍。

然而，就店头 POP 而言，顾客在看到 POP 到进店过程中不存在任何阻碍。只要让顾客产生“稍微尝试一下”的想法，就能轻易地将他招揽进店。

推动“离进店还差一步”的顾客

例如，在冷气很足的家里，即便看到“想不想在舒适的空间里消除疲劳呢？现在来按摩可以打五折哦”的按摩店广告宣传单，也不大会被吸引。但是，如果在炎炎烈日中，挥汗如雨地奔走的时候，看到相同内容的店头 POP……是不是会情不自禁地进店呢？

店头 POP 没法感染不在场的顾客。但是传单、DM 等促销工具，常常被送到在衣食住条件完备的室内的顾客跟前。因此跟这些促销手段比起来，店头 POP 往往仅靠一句话就能发挥很大的力量。

店头 POP 的优点之

2 慢慢渗透、执着专注地打动顾客

不慌不忙地等待被顾客想起的瞬间

与前文讲述的速效性相矛盾，店头 POP 还具有“迟效性吸引力”。

在位于某办公街区的一家居酒屋前，店头 POP 上写着大大的“每天 15 点开始营业”的话语。

这家居酒屋位于大马路上，早晚都有很多男女职员经过店门前。

例如，某上下班路过居酒屋前面的男职员，刚看到这个店头 POP 的时候，会留下“哎？这家店白天就可以喝酒了”的印象。一般不大会出现“好，今天提早下班去那家店里喝酒”这样的情形。

但是，“那里有一家下午 3 点开始就能喝酒的店”这一印象就印入了该职员的脑子里。之后的每一天，经过那家店前的时候，店头 POP 就会不经意地进入他的视野，慢慢地加深“白天就能喝酒的店”这样一个认识。

重点是让人记住“如此说来那里有一家有手机信号的店”。
（节日屋 / 东京都中央区）

没有非要让顾客在看到店头 POP 的当天就进店。
（德国居酒屋 JS lennep/ 东京都千代田区）

然后假设有一天，他刚好与新客户成功达成了业务，产生了“时间还有点早，找个地方喝一杯庆祝一下吧”的想法。但一般的居酒屋都是 17 点左右开始营业的，常去的店还没开门，怎么办呢……这个时候在他脑子里有可能就会浮现出“有一家白天就能喝酒的店”。

执着却不令人厌烦的 POP 威力

打电话或者在街头招揽顾客，一旦过了一定的度就容易招人厌烦。DM、传单之类的，如果顾客不感兴趣的话马上就被扔进了垃圾箱。

但是，店头 POP 的话，只要店方愿意可以一直持续地在那里招揽顾客。

不过，要想充分发挥店头 POP 的“迟效性感染力”，首先必须要突出其与众不同的个性。

无论怎么具有慢慢渗透的感染力，如果没有给顾客留下印象的话就失去了意义。

前面谈到的居酒屋，正是因为有 15 点这个“下午很早开始营业”的独特之处，才能吸引顾客的目光，并且给顾客留下印象。

你可以想一下，在你的店里有没有吸引顾客的特别之处呢?

店头 POP 的优点之

3 预算几乎可以忽略，24 小时全勤工作！

低成本且能够立刻实践

不论多么高级的店头 POP，也很少有花费超过 5 万日元的。

不用特意购买专业的工具，就能制作店头 POP。

在某家拉面店门口，横着摆放了一张长约一米的桌子，桌子上放了一个食盒（拉面的外卖箱），上面竖了一块写着菜单的白板。

食盒原本就是店里面有的东西，白板在百元（100 日元）均价店里有得卖。也就是说，只要肯用心，100 日元的实际成本就能制作出店头 POP。

不是放置了高价的店头 POP 就能招揽来很多的客人。

比起花费金钱，灵活运用只有自己的店里才有的单品，或者写出能够打动顾客内心的话语才是重要的。顺带提一下，把食盒装饰在店头 POP 上，也就等同于跟顾客宣传“本店也做外卖”，因此这个范例可以说起到了一石二鸟的作用了。

不用花费金钱，也能制作出如此有趣、醒目的店头 POP。
（某拉面店 / 东京都千代田区）

此外，一家卖海鲜的居酒屋，将泡沫箱堆积在店头，上面张贴了手写的纸质传单。

泡沫箱上还贴着“冷藏品”的标签，能让人产生“里面一定有鱼吧”“是从渔港直送过来的吧”之类的联想，给人留下强烈的新鲜海鲜的印象。

还有一家日式料理店，在常见的白色 A4 大小的复印纸上，手写“今日推荐菜单”，然后放入透明文件夹中，当作店头 POP 来使用。这是一个较为极端的例子，复印纸也能活用到店头 POP 中。

“今日推荐菜单”是每天都要更新的。如果用复印纸的话，即使每天更换也不心疼。

像这样只要能努力想出点子，就能以低到令人惊讶的成本来制作出店头 POP。

店头 POP 的优点之

4 可以按照自己的喜好来制作

形式上的制约为零！

店头 POP 的第四个优点是创作上的自由度极高。

店头 POP 是利用各种各样的素材，能够进行立体制作的促销工具。可以按照自己想要的形式去制作。

与之相对，DM、传单之类的纸质媒体，或者网络主页等基本上都是平面的。传真 DM 说到底也是单色的，因此创作自由度更低。

另外，店头 POP 与免费报纸、报纸广告等不同，没有大小、框架等的限制，也没有指定的格式。如果影响了同行当然是不行的，只要在自己店的范畴之内，不管以什么

自由的想法，一边享受一边制作。
（舍肉菜 / 东京都千代田区）

形式，或者以什么大小来制作都是自由的。

总之，店头 POP 可以说是现阶段唯一一个能够进行立体制作，没有任何限制的促销工具。

以“图画手工课”的心情来制作！

在某个学习插花的教室，装饰着插花作品，花盆上贴着明信片大小的纸，上面写着“课程申请受理中”的通知。

时常能看到像这样充分利用能够象征自己店的小工具来制作的店头 POP。某个章鱼烧店，在店头 POP 上绑上了章鱼娃娃。在铁板烧店的店头 POP 上则贴上了迷你型的铁板。

当然，在网络主页上、广告传单上也有非常独特、充满技巧的东西。但是，不管是制作哪种促销工具，都要具备相应的知识和软件操作技能，同时也要花费一定的费用。

与这些相比，店头 POP 的制作，就跟小时候谁都玩过的黏土游戏、画画，上过的图画手工课一样，所必须具备的是“想要传达这个意思”的“强烈意志”“手”“点子”这三项。只要有这些就能简单地制作店头 POP，而且能制作出给顾客带来巨大冲击力的 POP。

店头 POP 的优点之

5 随机应变，第一时间改变内容

电视节目都能随时利用

这个问题有点突然，你知道“白管”吗？

烤内脏串的一种，是神奈川县厚木市的一种当地美食。

一般的烤内脏是将动物的肠切开，弄成平的、薄薄的形状，而白管据说是保持管状，烤了以后就变成鼓鼓的圆形，所以叫作“白管”。

我在某天中午的电视节目中知道了白管这种食物的存在，当天晚上经过附近的居酒屋门前的时候，发现了写着“现在大家热议的白管，本店已经进货了”的内容的店头 POP。从白天起心里就记挂着白管的我，不消说受到其影响就进店去了。

店长肯定也看了那个电视节目，就立即更换了店头 POP 的内容，重点宣传刚进货的白管。

“时常保持 POP 的时效性”来吸引顾客

店头 POP 可以对天气、时事素材、突然的媒体报道等突发事件，随机应变地更换内容。那一瞬间，要将最具有集客效果的内容加到 POP 中去。

圣诞节、新年、女儿节、毕业及开学典礼等，都是事先定好了日子的活动。然而，像电视里介绍了自己的店里也出售的商品，天气变得异常炎热、让人口干舌燥等等，这些情况是事前无法知晓的。

到了冬天，超市的广告单上经常登有火锅料理的菜谱。这是出自“天气变冷→吃火锅来暖和一下吧→请一定到我们店里来购买火锅食材”这样的立意。

根据当天的天气、气温等，写出适当的信息，感染力超群。
（La Fee Delice / 东京都涩谷区）

POP 可以根据预约情况方便快捷地进行内容更换，非常方便。
（Jurlique shop 白金台 / 东京都港区）

但是，如果发广告单的日子恰逢冬季里异常温暖的天气的话，与气温较低的时候相比，效果会减半的吧。

然而，如果是店头 POP 的话，就可以立刻改写内容了。

即使不改写，只要用复印纸，写上与突发时事相应的信息，张贴在店头 POP 上即可。

在大雪纷飞极冷的日子里，试着写上“正是下雪天，才要来杯热葡萄酒暖暖身子”的话语。也可以写“今天在电视里介绍到了的 XX”的广告文。在客源较少的时候，可以立即发出“限时优惠”的通知。

店头 POP 可以根据不同时间的具体情况，向顾客传递最适时的信息，这样就能成为打动顾客心灵的促销手段。

店头 POP 的优点之

6 让顾客下意识地进店

人类很容易受方向提示的影响

请看下面的插画。

A 图中的眼睛是朝向正面的。B 图中的眼睛从看画人的角度来看是朝向左方的。看到 B 图后，人会下意识地看向图中目光所示的方向。

还有一个类似的例子，就是“脸朝那边看”的游戏。

这个游戏是这样玩的：两个人面对面玩石头剪刀布，赢的人伸出食指在对方面前上下左右随意指一个方向，输的人脸朝上

下左右某个方向转过去……

这是我们小时候常玩的一个游戏。

一般，人在受到方向的提示后，会下意识地朝向那个方向。

在路上行走的时候也是一样。除去考虑事情的时候，或者和人聊得热火朝天的时候等特定的情况，如果在你眼前出现一个很大的箭头的话，一般就会下意识地朝向箭头所指的方向。

箭头、手指、视线全都指向自己的店

利用人们这一心理的店铺很多，在黑板上用荧光笔画一个大大的、朝向自己店的方向的箭头，或者用亚克力板做一个立体的箭头装在店头 POP 上等等，诸如此类有各种各样的方法。

使用箭头，诱导人们下意识的心理，从而招揽顾客。

在店头 POP 上画人或者动物的插画时，一定要将眼黑部分画成朝向自己的店的方向。看到该插画的行人，视线会转向你的店。

也有的店铺不在店头 POP 上下功夫，而在具有引导顾客能力的箭头上下功夫，下面来

按箭头的指向行走。
（Zest Cantina 惠比寿店 / 东京都涩谷区）

介绍一下这样的店。

上页照片中的餐饮店，在该店占地范围内铺了印有箭头的地毯，将顾客引导至店内。这样的话，即使店的入口与马路有一段距离，也能给人以“正在营业中的店”的印象。有“进去瞧瞧吧”的想法的顾客，就能轻松地进店了。

店头 POP 的优点之

7 不需要顾客名单，可以及时通知所有顾客

即使没有顾客信息，也能宣传自己的店

根据其特性，可以将促销手段划分为“推送媒体（Push Media）”和“拉取媒体（Pull Media）”。

推送媒体是指信息传递者将信息送至用户手上的媒体。

而拉取媒体，顾名思义是指引导用户的媒体。如果用户不行动起来的话，信息就没法送达。

推送媒体中，如 DM 需要顾客住址，电话推销需要电话号码等，基本上都需要顾客信息。

再来看拉取媒体的情况，例如，公寓的住户中只要有一个人投诉“请不要往这个公寓发放传单”的话，就没有办法对这个公寓的住户投递传单了。

●不需要专业知识！低成本、能够快速完成的店头POP

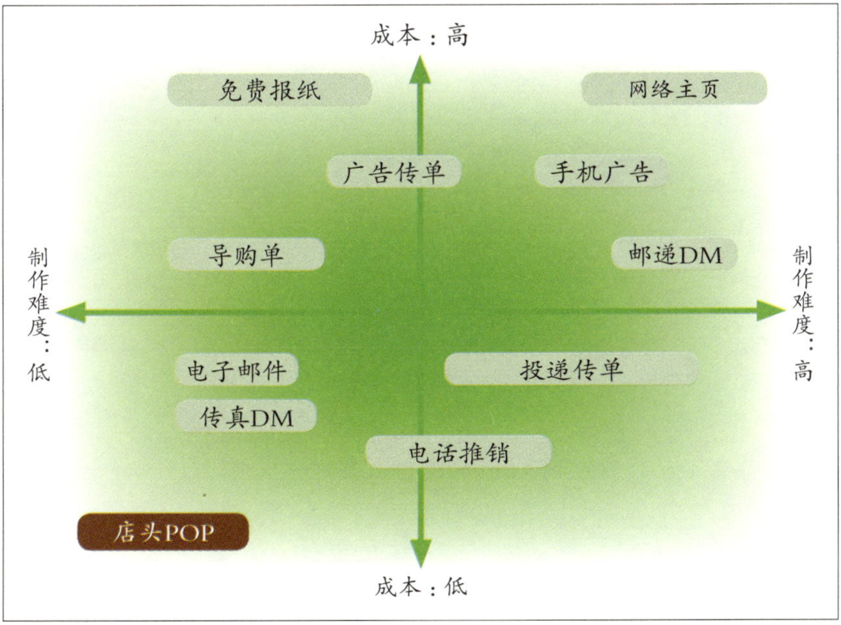

另外，夹在报纸中的广告传单，不订阅该报纸的人就看不到。

拉取媒体中最具代表性的是官网主页，为了让用户浏览主页，从根本上说就必须促使潜在的顾客进行网络检索，或者输入链接地址。为此，首先必须让顾客知道该店的存在，不然在网上检索到的可能性就较低。

在这一点上，店头 POP 完全不需要顾客名单，只要不违反相关条例，也不会因为路人的一句话而撤掉。还有一个优点就是，向路人宣传本店的存在，从而促使他们去浏览网络主页。

店头 POP，不需要顾客名单，可以快速地打广告。此外，成本和制作难度都很低，可以说与其他的促销手段比起来更易于着手。

店头 POP 的优点之

8 与其他促销手段组合使用，效果倍增！

与适合店头 POP 的其他促销手段并用

我以前就职于一家邮购公司，从事促进销售的工作。

当时我研究各种促销手段，报纸广告、DM 等纸质媒体自不必说，还研究包括电子杂志、网络广告营销、二维码等在内的网络媒体，不仅反复地研究，还进行实际导入和效果测定。

在这过程中我发现，将促销手段组合起来使用，能够发挥更大的威力。如果促销手段配合成功的话，可以获得 1+1=5 的效果，当然也有即使组合到一起也只能发挥 1+1=1.5 的效果的情况。

说到配合成功的组合，DM 与电话推销是很典型的例子。

在邮购业中，先将 DM 寄给顾客，预计顾客差不多收到的时候，就会给顾客打跟进电话以进行电话推销。这样一来，可以预见比起单靠 DM 或者电话推销更能提升购买率。

而邮寄了 DM 之后，又附上传真 DM 会怎样呢？根据内容、篇幅顾客或许会有所反应，但其效果不会像“DM+电话推销”的组合那样好。

这种促销手段之间组合的好与坏，当然也存在于店头POP中，充分利用促销工具的组合可以进一步提高店头POP的集客能力。

为了“健忘”的顾客们

说到与店头POP配合得最好的促销手段，那就属导购单了。可以说导购单是让店头POP效果倍增、相得益彰的促销工具。

实际上，观察一下街上的店头POP，你会发现有很多范例，比如在店头POP上装上塑料的迷你篮，里面放有传单、店铺宣传册、店卡等。

在逛街的时候，常常会偶遇“总觉得挺有意思的”“想要进去一次看看”这样吸引着你的店。

但是，也有可能会因为没有时间，或者已经预约了其他的店之类的原因，而无法到店里去看看。

即使当时会有“今天没办法去了，下次进去看看吧”这样的想法，或许到下周顾客就不记得有这家店了，导致最终还是没有去。

这个时候起到作用的就是与店头POP相得益彰的导购单了。

如果让有着“感兴趣，但是今天去不了”的想法的顾客，将导购单带回去……

那样的话，不能保证下次100%会来店里。或许在很长时间内

当然，别忘了在方便顾客将传单带回去这一方面也要下功夫。
（Rotie / 东京都江东区）

导购单都被扔在包里，不久后被扔进垃圾箱。

然而，比起什么都没给顾客带走，促销效果要好得多。给对你的店“一见钟情”的顾客留下些有形的线索，就能大大地提高他下次光临的可能性。

店头 POP 与 DM、传真 DM、广告单、免费报纸、投递传单等组合到一起，根据使用方式也能够起到提升效果的作用。

与其他促销手段并用的必要条件是，无论 DM 也好、投递传单也罢，其内容要与店头 POP 的内容相符。

例如，顾客路过在广告上看到的店铺前面的时候，店头 POP 上没有广告单或者投递传单上所登载的内容的话，顾客可能想不起来当天早上看到的广告内容。

而若是广告单上的相关内容写在了店头 POP 上的话，就有可能让顾客想起“这么说来今天早上好像也见过……”，从而提高了顾客的反应率。

将“好奇的顾客”变成“真正的顾客”的又一招

还有这样的例子。

假设有一个顾客，在星期天的早晨收到了“正在搞打折活动”的投递传单，一看地址就在家的附近，天气又好，就想着散步的时候顺便去看看吧。

在市场战略中，可以像下图一样标记客流。

但是，与之不同的是，我觉得要在里面加一个定义，叫作“好奇的顾客”。他们知道店的存在，虽然没有很强的消费欲，但或许会对某些商品感兴趣而尝试着购买。

受好奇心趋势的“好奇的顾客”应该定位在“潜在顾客”与“有希望来店的顾客”之间。

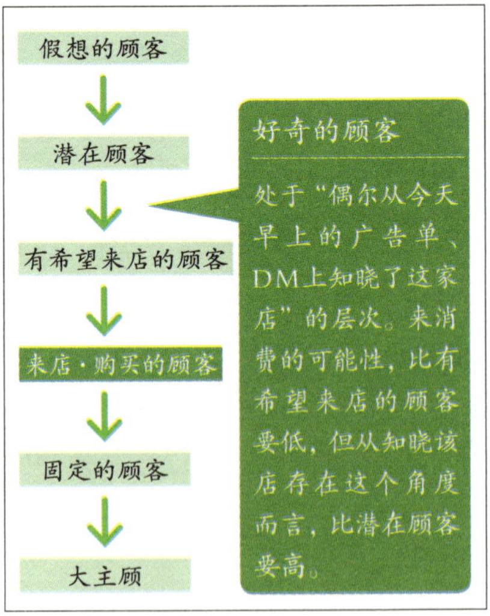

“好奇的顾客”的情况是这样的，由于没有“一定要进这家店”“要买这个”的明确的到店动机和购买意欲，他们即使来到店前，如果遇到“非得要爬楼梯吗”“看上去要等好久”“店里好拥挤”等哪怕一点点让他们觉得麻烦、费事、不利的情况，很多时候他们就会直接走掉。

这个时候，为了让他们在即使有不利条件的情况下也一定要进店看看，店头 POP 就要发挥作用了。

其技巧之一，就是将投递传单上没写到的信息、想法，通过店头 POP 来传达。

看了传单却总是过门不入的顾客，在你店前停下脚步的时候，用 POP 将他们一下子吸引进来。

例如，可以写些能让他们感到“今天看了传单而来的顾客才有优惠”“今天不进店就亏了”的内容。

今后是“二维码”×“手绘 POP”的时代？

今后最应该与店头 POP 组合到一起的促销工具是“手机”。

利用手机来进行促销的做法越来越普通，就与店头 POP 的相称程度，以及易于运营的角度而言，我推荐使用“二维码”。

我想大家都知道，所谓的“二维码”是指正方形的二次元条形码，用手机读取的话，就可以获得隐藏在条形码中的信息网址，一扫描就能访问该网站了。

在将二维码张贴到店头 POP 的时候，要添加上如“请一定要登录网站哦”之类的一句话或者信息。

在大家所熟悉的 Recruit 公司发行的优惠券杂志、免费优惠券杂志上，在介绍各店铺信息的空隙处，登载着可跳转到该店铺手机网站的二维码。另外，该公司不仅发行宣传册，同时还运营着收集优惠券信息的手机网。

某西餐厅利用这一点，将刊登在免费优惠券杂志上的自己店的二维码部分剪下来，扩大复印然后张贴在店头 POP 上。

二维码能将信息登录到手机上，给顾客留下下次光临本店的线索，就这个角度而言，它或许比立马被扔掉的传单更有用。

店头 POP 的优点之

9 大把地抢夺客源！

目标是前往附近人气店去的客流

有家店在店头 POP 上，提到附近同行业中旺铺的名称，并以比该店更低的价位来吸引顾客。

这种方式具有给周边店铺带来不良影响的风险，所以在此不推荐。但是这个例子说明了店头 POP 的作用。那就是店头 POP 具备将客源抢夺过来的能力。

有些店觉得“附近有生意非常好的店铺，所以客人都不来我们店”，其实正是这样的店才有着大好的机会。

如果周围一家生意好的店都没有反而是非常不利的事情，因为这意味着没有客流量。这样的话，就必须从零开始创造客流量，那需要费很大的气力。

但是，如果附近有生意很好的店，就意味着有相应的客源，可以说有希望来自己店的顾客也就变多了。

让前往人气店的客人在自己的店前驻足，或者在人气店特别拥挤的时候，让无法进去的“剩下的”客人来到自己的店里。

这种时候，没有必要像前面讲的那家店一样，特意在店头 POP 上提其他同行的店名。

不过，打价格战是不可取的，那是在自断后路。

首先，要去调查一下附近的人气旺铺的店头 POP。从放在店头的 POP 上很容易能侦查出该店的情况。在此基础上，寻求自身与它的差异，然后进行一些小尝试，推出只有自己的店才能提供给顾客的服务。

不同行业的其他店的顾客也是目标！

人气店不一定是同行业的店。

附近如果有其他行业的、具有集客能力的设施或者店铺，也可以通过店头 POP 将其客源变成自己的顾客。

这是一个开在美术馆里的餐厅实例。

这个美术馆定期会举行特别展览。与常设的展览不同，特别展览会让美术馆人流量大增。而那家餐厅就考虑要如何吸引顾客，在美术馆举办“蒙古的珍宝”展的时候，餐厅就提供蒙古菜，在举办“坂本龙马”展的时候则供应土佐菜，每次都随着特别展览内容的变化而提供不同的餐饮。

这样一来，该餐厅成功吸引了约 18% 的来参观的顾客。如果你们的店附近有博物馆、电影院之类的设施，可以尝试着做出各种策划。

调查“客流”“时间”“顾客层”

在使用店头 POP 的时候，把握好“人流量”是很重要的。在和其他店争夺客源的时候尤其要注意这点。

从哪个方向来的客人较多？每个时间段人流量发生什么变化？早上的话从车站方向来的客人比较多，傍晚的话则往车站方向去的人较多。

假设从道路的左方往右方有 100 个行人，而从右往左只有 50 个行人。从左方来的客人要远远多于右方，而店头 POP 如果朝向右方的话就太可惜了。

此外，还要调查生意兴隆的店是如何抓住人流来招揽顾客的。

例如下页图中，假设以自己的店为中心，车站在右边，生意兴隆的店在左边。

如果认为“从车站方向来的人流量会比较多”，为了让车站方向来的行人能够看得清楚，就会将店头 POP 放置在右侧。

但是，实际上在那家生意兴隆的店铺左侧有个大规模的商务办公楼，在那个商务楼里上班的职员或许就是影响周边店铺营业额的关键性因素。

那样的话，将店头 POP 放置在商务楼的入口处附近，会起到更好的效果吧（不过，未经许可放置 POP 会违反道路交通法）。

●调查一下“客流”“时间”“顾客层”吧

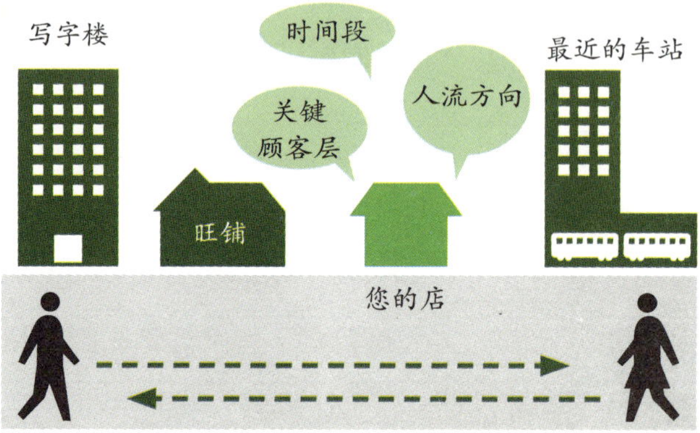

到旺铺的周围走走，进行实地观察非常重要。人流会随着时间段、天气、季节发生变化。如果可以的话，尝试从形成各种条件的根源开始调查。

也就是说，在搞清楚来自哪个车站、会有多少人流量的基础上，还有必要考虑目标顾客层的人流量。

店头 POP 基本不花费什么成本，可以在试行的过程当中不断地纠正错误。

通过每日更新或每周更新的方式来改变店头 POP 的内容，也可以尝试在一周的开头和周末写上不同的内容。

如果还有余力的话，也可以尝试早中晚随时间段而改变 POP 的内容。比如在傍晚的时候试着在 POP 上写“欢乐时光”的话语，在一次会快要结束的时间段，试着推出“二次会计划”（日本人聚会的时候，如果觉得不尽兴常常会换个地方继续聚会，被称为“二次会”）。

店头 POP 的优点之

10 按“起跳、跨步、跳跃”的情节展开

复数设置，以期效果倍增

店头 POP 还有一个优点是可以同时放置多个。

写到这里可能你会想，DM 也好，电子杂志也好，任何促销方式都能以复数的形式展开的吧。

但是，如果你一打开信箱，发现同一家店同时给你寄来了三封 DM，你会怎么做呢？如果是我的话，会认为是店方出错而导致寄重了，我会只留下一封，另外两封不打开就直接扔掉。

你可能又会想，那样的话，就将三个信封的外观区别开来，以示里面内容是不一样的不就可以了吗？然而这是绝对不能做的事。

收件人会觉得没完没了，而产生厌烦感，而且与只寄一封相比，确确实实减弱了吸引力。为了避免这种情况，大部分公司会记录下向顾客邮寄 DM 的日期，在寄下一封 DM 之前一定会隔开一段时间。

这种情况不仅限于DM，在投递传单、电子杂志等工具上也是一样的。

然而，在店头POP这个促销手段上，放置数个的话不仅不会分散吸引力，相反地还能加倍地发挥效果。

单纯的复数形式，效力会减半！

哪个信息对你有利？今天能享受什么优惠？你一眼能看明白吗？

然而不能单纯地认为，只要有了数量就能产生加倍的效果。

有一家西餐厅在店头放置了十种不同内容的POP。其中的八种都使用了黑板，导致店面看上去很灰暗，也缺乏层次感。

此外，在内容方面，光表达价格优惠的店头POP就有五个。像下图一样，拼命地将限时打折信息、针对各顾客层的优惠信息全都

列了上去。

我能够理解这家店想让顾客了解其优惠信息的想法。但是，信息量过大，反而导致顾客搞不清“今天到底推荐的是什么”。

从“The Drifters”（日本的一个组合）来理解复数 POP

我小的时候是“The Drifters”的忠实粉丝，一次不落地收看《8点啦！全体集合》这个电视节目。

虽然成员更换了几次，但是对于我来说，The Drifters 就是指碇矢长介、加藤茶、高木胖、仲本工事、志村健这五个人。

在组合中，The Drifters 成员的角色分别是碇矢扮演逗哏角色，志村则是扮演装傻的角色。

如果所有成员都负责逗哏或者装傻，就没办法达成效果，这样就一点意思也没有了。

总之，要提高复数设置的效果，就有必要保持整体的平衡和情节的展开。没有意义的复数构成，则会让魅力减半。

那么，提高成倍效果的情节展开方式到底是什么样的呢？

我把这种方式叫作“起跳、跨步、跳跃手法”。

用扮演不同角色的 POP 来有技巧地引导

某文化会馆内有一家创意料理餐厅，这家餐厅巧妙地使用了三种店头 POP。在这个文化会馆的前面有一个约 100 平米的广场。

也就是说，即使在文化会馆的入口处放置店头 POP，在隔了一个广场的道路上行走的路人也无法看见。

于是，这家创作料理餐厅就如下图那样下了一番功夫。

看了店头 POP ①就立刻决定要进店的人，就会略过 POP ②和③，快速地朝店的方向走去。

而看了 POP ①又看了 POP ②的顾客，虽然有兴趣，感觉到是一家不错的店，但还处在犹豫的阶段。也正是因为犹豫才会去确认第二个店头 POP。

设置复数的、扮演不同角色的店头 POP，来提高对顾客的说服力的手法，不仅适用于像这家餐厅那样隔开一段距离放置 POP

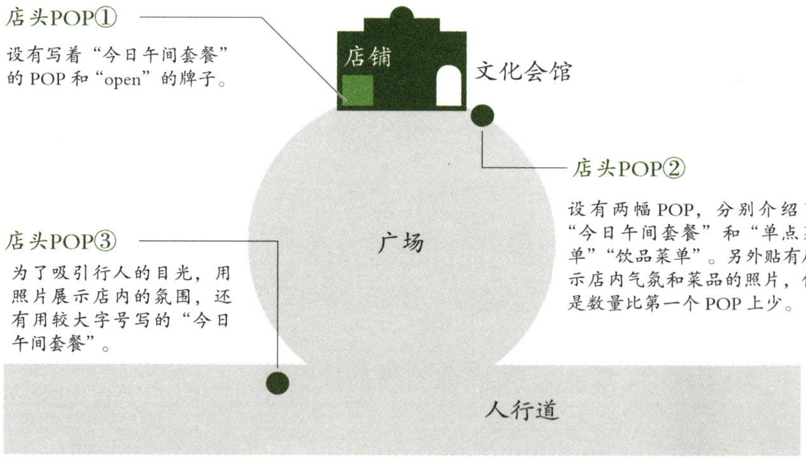

通过活用不同角色的 POP，一边解答顾客的疑惑、消除其不安，一边顺利地将顾客引导到店内。

的场合，也可以用于在店铺入口处的左右相隔约一米的近距离设置的情形。

看完右边的店头 POP 再看看左边的店头 POP，说明这样的顾客还处在“进这家店真的好吗”的犹豫阶段。虽然有点心动，但还是没有找到“进店的决定性因素”。

因此，两个店头 POP 不能用完全一样的内容，要尽量提供不同的信息。

就这家餐厅而言，除了介绍“今日午间套餐”之外，还介绍了“单点菜单”和“咖啡菜单”。通过增加信息量来推顾客一把，让其最终下定“好，就这里了”的决心。

像这样通过不断地加强引导的力度，让顾客的心慢慢地倾向于自己的店，就是“起跳、跨步、跳跃手法”，可以说这是只有在店头 POP 上才能实现的策略。

COLUMN

消除顾客心理界限的地垫铺设方法

地垫虽然与店头 POP 稍微隔开了一些距离，但也属于“店头促销工具”的范畴，我想在此介绍一下其铺设方法。

店铺入口处的地垫，是为了消除店内和外面道路之间的落差（界限）而铺设的，事实上由此能发挥很强的集客作用。

比起将地垫漂亮地铺设在店内，不如像照片中那样将一部分露在入口处的外面，这样能给顾客带来“正在营业的店”的印象。

特别是餐饮店之类的，顾客一旦走进店内什么都没有点就出去了，这是相当难为情的。也就是说，进到店里面这件事，对于顾客来说多多少少是需要下定决心的。

因此，像这家店一样，消除店内和店外的界限，无意间就稍微缓和了顾客的一些顾虑。

不过，这样铺设地垫，要注意不要铺到公共道路上去。

CHAPTER 3

让顾客对进店产生迟疑的失败模式

店头POP的书写方法和陈列方式出错的话，

不仅失去了集客的效果，

还有损店铺的形象。

在此介绍经常出现的五种失败模式。

你们店的店头POP是不是这样呢？

这样的 POP 会降低魅力

1 缺乏维护

偶尔会看到有些使用黑板、白板的店头 POP 出现这样的情况：文字变模糊、带有飞白；或者支撑板子的底座、器具上的油漆剥落，有破损……

这些都是无需讨论的问题。店头 POP 是顾客进店的时候最先看到的东西。

任何事情的第一印象都很重要。无论店里收拾得多漂亮，备齐了多么好的商品，服务有多么完美，如果店头 POP 脏了，就都白费了。

即使在 POP 上写了“提供优质服务”之类的话语，但如果连店头 POP 的维护都没有做到位，就完全没有可信度。

要注意避免“与季节不符”“过期”现象

还有一点，所谓的维护不仅仅是表面的，POP“内容与季节不相符”“信息延迟”等也会有损形象。

这里有个真实的例子，已经到了枫叶变红的初秋季节，有家店的店头 POP 上还写着“夏季推荐菜品”。

尽管从外观上看是一家非常气派的日式料理店，但是在进店前顾客会产生“看上去不怎么细心哪，没事吧……”这样的不安情绪。

另外，有些店铺的 POP 中，持续给顾客提供已经过期了的打折信息。这样毫无疑问会给顾客留下“懒惰、散漫”的印象。

仅仅因为一个店头 POP，就有可能让该店铺在不知不觉间失去信用，丢失客源。请务必记住，要对 POP 勤加维护，用整洁漂亮的 POP 来向顾客传递信息。

这样的POP会降低魅力

2 难以读懂的文字

我以前所在的邮购公司，广告材料决不外包给其他公司，一直是自己来制作。

自主制作的原因，当然成本是一个因素，更重要的原因在于公司的指导方针：只有商品负责人才会比其他任何人更了解商品，因此自己制作广告远比外包效果要来得好。

当时，指导我进行广告制作的上司反复提醒我的一点是“易懂”。

虽然关于广告的理念有很多，但不管怎样展示给顾客看这一点是很重要的，为此就有必要将广告制作得让人一看就明白。注重意境的广告中也有一些新奇的广告，比起让顾客易懂更重视的是冲击力，可以说那些不是“为了销售而制作的广告”。

店头POP需要引起过路人的注意，让其瞬间理解POP的内容，这与顾客产生兴趣，进店、乃至消费这一连串的过程都是关联的。

据说，人的眼睛在某一处停留的时间通常约为0.3秒。因此必须要在极短的时间内吸引顾客的目光，让其在店头POP前驻足。

以新奇的店头POP来吸引顾客，让其注意到“那到底是什么”，这也是一种技巧。但是，如果不能吸引顾客去读POP上最关键的广告语的话也无济于事。因此一定要注意“易于读懂”这一点。

以下来讲解其要点。

让POP变得易于读懂的四个窍门

①注意文字的大小

经常看到有些店头POP上写满了小小的字，不凑近看的话就无法看清。虽然我能理解该店铺想要传递更多信息的想法。但是，除去对该店或者该店的商品非常感兴趣的人，更多的人会觉得“看起来太麻烦”就直接略过了。

②注意换行的位置

不注意行文的换行位置，在很别扭的地方换行的POP多得令人惊讶。B图是一个真实存在的例子，这个POP让我不禁认真地思考“为什么要这样换行呢，莫非有什么特别考虑吗？”

A图

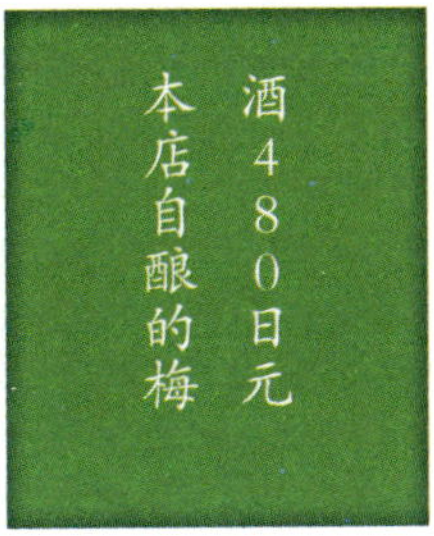

B图

因此，文案的每个句节、用词都要处理好。

在短短的一瞬间，比起“本店自酿的梅/酒”这样的换行方式，明显“本店自酿梅酒”这样的书写更容易让人读懂。

再顺带提一下数字，除了某些特别场合，用1、2、3这样的阿拉伯数字，要比用一、二、三这样的汉字数字更易于读懂一些。

③注意语言的位置关系

另外还有一个技巧，就是将想要特别强调的话语放在开头的位置。

比较下图的POPA和B，APOP上的“特卖活动进行中”“全场半价”之类的话语会更直接地映入顾客眼帘。

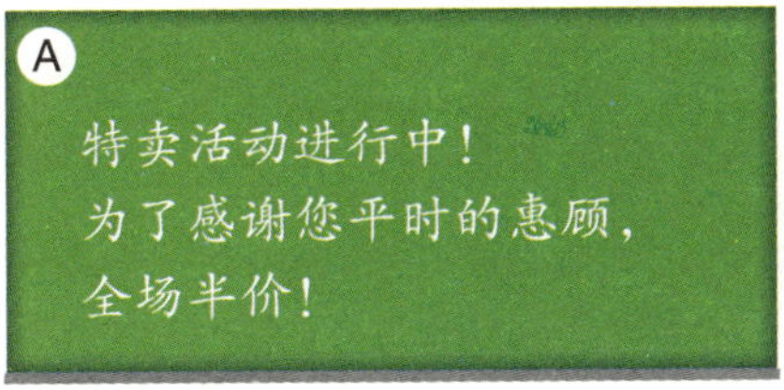

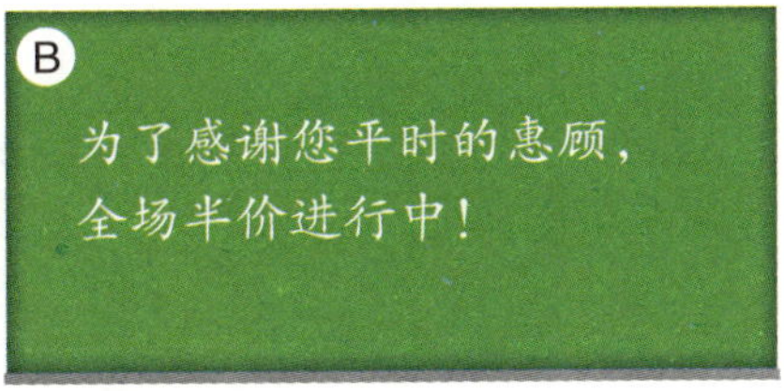

④字写得漂亮与否

笔者在其他书中看到“字写得漂亮与否没有关系，关键是要表达心意的说法”，仿佛只要是手写的就能遮掩一切缺点，不管好坏都 OK 一样。

但是，就浏览者的角度而言，看到潦草丑陋的字会觉得该店的服务也很马虎，或者是根本看不下去。

也没有必要都写得像书法老师那样好，但最起码的要求是要认真仔细地写。可能大家觉得这是当然的事，但实际上字迹潦草的店头 POP 相当多。

此外，店头 POP 上要写的信息请尽量交给店长来考虑。

那是因为店头 POP 好比店长的分身，只有店长来考虑才能发挥最好的效果。因此，比起兼职人员想出的话语，店长自身的话语更具分量。

不过，实际去书写的人未必一定要是店长本人。

如果店里有几个工作人员的话，让所有人都试着写一下，找出其中写得最易于浏览，看上去最舒服的，然后将书写 POP 的工作交给该员工。

同时，也要确认字体是否与本店的形象相符。

例如，法律事务所的 POP 上如果用的是圆形的、略显稚气的字体的话，会给顾客带来“这家事务所可靠不可靠呀”的不安情绪。

相反地，如果是时尚的咖啡店，用黑体字那样的方方正正的字体就会产生不协调感。

无论如何，店头 POP 在拿到店外之前，一定要请店长确认一下，绝对不能完全交付给他人，这是很重要的。

交给自己以外的他人的做法，证明店长没把店头 POP 当回事，而是“只当作单纯的促销手段”来对待，这样的话也就不能成为给店“带来繁荣”的店头 POP。

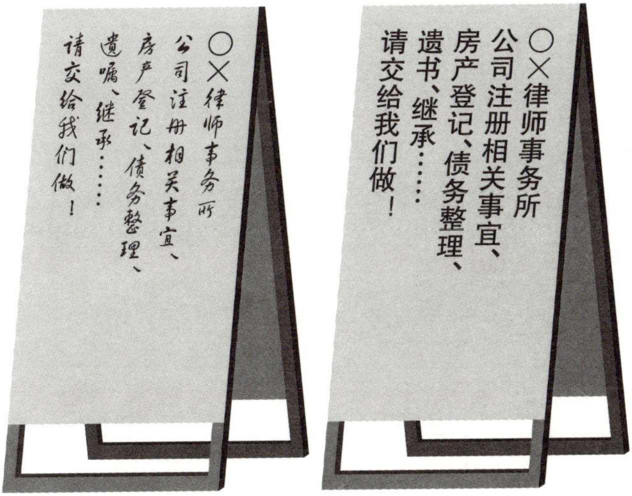

这是分别用手绘字体（左）和宋体（右）
书写的律师事务所店头 POP，你更想拜托哪个呢？

这样的 POP 会降低魅力

3 不明白想要传达什么

虽说店头 POP 是店长的代言，但是如果变成自说自话的内容就失去了意义。店头 POP 既是店长的分身，同时也是促销工具。

如果店头 POP 上写“本店为了让员工愉快地工作，每月都会举行聚会，以此来促进交流”之类的内容，这对于顾客来说没有任何意义。

POP 虽是体现店长的策略和理念的工具，但其内容必须与促进顾客进店和消费有关。

有很多的店没有注意到这一点，一直进行着错误的宣传和信息传达。

有没有反映顾客的需求

例如，在一家洋溢着时尚气息的意大利餐厅里，店头 POP 上写着如下内容见下页：

首先，“Carafe”这个词汇本身就不是一般客人所熟悉的单词。

Glass wine	125ml	385日元
Carafe	375ml	900日元

店方的常识不等于一般大众的常识。看到“Carafe”这个词，能够理解的路人应该很少（顺带说一下，“Carafe”在法语中是水瓶的意思。主要是指小瓶）。

另外，想要去时尚的意大利餐厅的客人中，很少有人会抱着“红酒 125 毫升 385 日元的话，就进去看看吧”这样的想法而进店吧。

很遗憾，这家餐厅的店头 POP 没有掌握好顾客的心理，不知道顾客希望在自己店里得到什么。

在某大型寿司店的黑板式店头 POP 上，用马克笔写着“今日推荐　金枪鱼”。

也许是想表达“店里有好的金枪鱼哦”这样的意思，但是从根本上说所谓“好的金枪鱼”是什么呢？

不说别的，不觉得光一句“今日推荐　金枪鱼”很乏味吗？究竟能够勾起多少行人的食欲呢？

夸大其词或者虚假广告是不好的。但是，也可以像这样来表达“今日推荐　从印度洋游过来的新鲜肥美的高级金枪鱼”。

这种广告语肯定更吸引人吧！

如果真心希望顾客上门的话，就详细地宣传自己的推荐要点，抓住顾客的心是最重要的。

这样的POP会降低魅力

4 产生“被推销”的不安情绪

我曾经在百货商店工作过，当时觉得顾客可以分为两类。

其中一类顾客，积极地想要与店员进行交流。

而另一种类型的顾客“不想被营业员推销商品”，所以不希望对方来搭话，但是在有需要的情况下希望店员帮助解答。

他们虽然对店铺或者商品感兴趣，但一旦开口询问店员的话，又怕被推销商品。虽然有购买意愿，但觉得麻烦所以选择离开。

当然也要看每个行业的营业情况，但凭经验来看，本人认为还是后一种类型的顾客居多。

就这方面而言，无声的推销方式——店头POP，对于客人来说是很难得的存在。

然而，也存在不体谅顾客这种心情的店铺。

不给顾客带来压力的放置方法

请看下页图。

有 A 和 B 两幅店头 POP。B 放置在店门前，旁边站着一位店员。

而 A 的 POP 放置在离店门和店员都有些距离的地方。

哪个店头 POP 更能让顾客放松浏览呢？

浏览 BPOP 时，顾客会产生“在看的过程中好像会被搭话”的心理。

事实上，在我观察店头 POP 的过程中，像 B 那样放置的店铺，有一半以上的概率营业员会来搭话。

还有，即使不搭话，也能百分百感受到店员一直观察着顾客的目光。

虽然能理解店方想要积极进行促销的心情，但有很多顾客讨厌店家这种无意识的压迫感。很多店铺就这样莫名地失去了客源。

本书在下一章会介绍，不靠人为推销，通过店头 POP 让顾客自发进店的策略。

从顾客的角度来说，即使感受不到店员的存在，也很难蹲在店门前阅读 POP 上的内容。

商品的话，为防止被盗等情况，需要放置在店方视野范围内。

但是，店头 POP 的话，为了让顾客能舒服自在地浏览，不如放置在从店里看不到的死角比较好。

这样的 POP 会降低魅力

5 使用的色彩不符合商品、服务的形象

虽然顾客不会因为“被这个店头 POP 的色彩吸引了”“喜欢所使用的马克笔的颜色”这样的理由而决定进店，但是色彩带来的冲击力和影响等比我们想象得要大。

色彩的正确使用，会使店头 POP 的魅力增长两三倍，能更有力地吸引路人。但是如果使用不当的话，不仅魅力会减半，还有可能造成不良影响。

餐饮店与蓝色搭配

具有代表性的反面例子是在餐饮店中使用蓝色调。

蓝色是冷色，具有让人放松和镇定的作用。同时，蓝色还具有抑制食欲的作用的一种色彩。作为减退食欲的减肥食品，还出现过蓝色的拌饭调料。

请想象一下，如果烤肉店的店头 POP 使用蓝色的话……

想要让顾客“赶紧愉快地享受美食吧”，却使用了顾客不想看

到的抑制食欲的色彩，让顾客产生“看上去不太好吃”的感觉的话，就适得其反了。

当然，如果店里有巨大的水槽，想要营造清凉的氛围等，有这类特殊的理由的话就另当别论了。但就一般情况而言，餐饮店与蓝色并不相称。

那么，什么颜色比较适合呢？餐饮店的话还是用红色、橙色等暖色系比较合适。暖色可以增进食欲。不仅给顾客“看上去很美味”的感觉，也有着吸引顾客“稍微喝一杯再走”的效力。

在暖色系中，最醒目的要数红色，具有让人兴奋的力量。

有这样一种说法，说是人类被设定了某种程序：一看到血，为了提升战斗力就会本能地兴奋起来。因此看到血的颜色——红色就会变得兴奋。

也就是说，不管承不承认，红色都可以说是醒目的餐饮业匹配颜色，有效利用的话可以发挥很好的效力。

然而，也不是随便乱用都可以的。某家以超低价为卖点的手机店使用了红色的店头 POP。红色标签有表示打折或低价的意思，所以红色会带来降价的印象，这种用法是正确的。

但是问题在于背景，那家店的外墙也有一面是红色的，店头 POP 的存在感就这样被湮没了。

根据业态选择色彩

例如，宾馆、按摩店等的话，追求的是让顾客得到治愈和放松。因此，这些店喜欢用自然一点的米色、绿色、淡橘色、木纹色等色彩。

也就是说，不能以“红色一定醒目”这样简单的想法来考虑，而是有必要好好看清楚，要与自家店的外墙，以及周围店的氛围取得平衡。

另外，就彩色而言，在用彩色笔或者粉笔在店头 POP 上写文字的时候，最好用两到三种颜色。如果要用多种色彩的话则要有相当的品位。

如果为了尽可能醒目一点而使用各种颜色的话，各颜色之间就会显得很杂乱，其结果往往是，POP 也看不清楚，哪一个才是最想宣传的要点也让人摸不着头脑。

CHAPTER 4

进一步提高顾客来店率的三大要点

能够吸引顾客的店头POP包含
认知率、动机率、诱导率三大重要要素。
在本章中，
将介绍通过这三大要素
来提高顾客来店率的方法。

要以达到 1000 分为目标来考虑店头 POP 的来店率

认知率、动机率、引导率，这三大要素是使用店头 POP 来提升顾客来店率的关键。

这三个要素不是互相独立的，只有三个要素都具备才能招揽大量的顾客。

比如，如果所制作的店头 POP 不能吸引路上行人的目光，没有基本的店铺信息，也没有让人印象深刻的语句的话，就没法让顾客到店里来（动机率低）。

- ①认知率 → 让顾客看见路边的店头 POP 的概率
- ②动机率 → 让看到 POP 的顾客产生“进店看看吧”“买点试试吧”的想法的概率
- ③引导率 → 引导“想要进店”的顾客顺利地到达店内的概率

●提升来店率的三种POP

· 第1种

让行人止步，外观醒目的POP

➡ **提升认知率**

×

· 第2种

解说本店招牌商品、各类商品的POP

➡ **提升动机率**

×

· 第3种

让人看懂到店路线、店内氛围的POP

➡ **提升引导率**

||

高来店率

反之，不管上面有多么吸引人的内容，如果顾客看不到店头POP的话，就毫无意义（认知率低）。

又或者，顾客虽然被POP的内容所吸引，但由于店铺在地下，窗户是毛玻璃之类的原因，从而不清楚店内的氛围是什么样的，导致最终放弃了进店的想法。这样不觉得太可惜了吗（引导率低）？

为实现较高的来店率，要用以下的方式来计算：

来店率（1000分满分）＝认知率（10分满分）× 动机率（10分满分）× 引导率（10分满分）

要有达到1000分的决心。因此，要配置如下：

①让行人能看得到的、外观醒目的POP；

②为引起顾客兴趣、吸引顾客，对该店的招牌商品、各类商品等进行解说的POP；

③为将顾客真正地引导到店里去，对到店路线、店内氛围进行介绍的POP。

假想要制作三个 POP

虽说最好要设置三个 POP，但是考虑到空间等问题，也有没法设置三个 POP 的情况。

然而，哪怕只能放一个 POP，在制作 POP 之前，也请试着假想是“要制作三个 POP”。

· 能吸引顾客目光，与本店氛围相符合的 POP 设计；

· 传达本店主推商品和各类商品信息的简明易懂的书写方式；

· 打动潜在顾客的信息；

· 到店路径的说明、地图、箭头；

· 能展现店内氛围、顾客群信息的照片、插图、小工具。

像这样，假想要做提高认知率、动机率、引导率的三种 POP，思考要在哪些方面下功夫，尝试着将本店可以付诸实施的东西写出来。

例如，处在小角落里的店铺，其最大的弱点就是不够引人注目，考虑到这点就要将重点放在提升认知率上。相反地，对于一眼就能看得到的、处于视野较好的地点的店，就应该在提高动机率和引导率上下功夫。

经营专业性较强的商品或者服务的店铺，要将重点放在动机率的提高上，要尽全力将其内容毫无保留地展示出来。

此外，处在地下的店铺，或者窗户是毛玻璃的店铺等，从外面看无法了解店内的情况。尤其是诸如单独的女性顾客之类的情况，常常会对进店感到犹豫。因此，要注意在店头 POP 上多贴些店内的照片，给人以“正在营业中”的印象，这样是不是比较好呢？

接下来，找出自己的店最应该导入的要素是什么，然后将其体现在一个店头 POP 之中。应该去掉什么，应该留下什么，考虑清楚

自己店铺的优点和缺点，哪个要素需要更多地导入。

可能你会觉得“明明只是制作一个店头POP，却要花费三倍的功夫，有点小题大作”，但是请务必用纸和笔将这三个POP写出来。

因为通过实际动手写出来，你会在脑中对POP内容进行整理，通过看自己写的笔记，也会发现自己从未意识到的店铺强项和弱项。

提高认知率的三大要点

接下来讲解一下，为提高各个要素的作用，具体该如何去做。

先来谈一下认知率，这个要素只要实际放置好店头 POP，然后在店前走一下就可以了。

这个时候请检查以下三点。

要点 1

店头 POP 的角度是否合适？

右页图中的 A 图，将店头 POP 放置在与道路平行的位置，而与之相比，如 B 图那样放置在与道路成直角的位置上，被行人发现的可能性要高出很多。

即使没法放置在直角的位置，也要稍微转过一点角度，仅仅做到这一点就会大大提高被发现的概率。

放置 POP 的时候，要搞清楚哪个时间段、哪个方向来的人流量较多。

一般而言，早上和晚上的客流不一样。要看清人群的流向，然

即使店头 POP 设置在前方有数米远的距离，行人也能够对其内容进行一定程度的确认。那样的话，就有可能让原本想要右转的行人“注意到那个店头 POP”，从而改变方向到店里去。

后改变店头 POP 的放置角度。

另外，像图 A 那种放置方式，除了会导致认知率低下之外，还有其他的缺点。

与道路平行着放置的话，行人必须走到店头 POP 的正前方才能看清其内容。

然而，如 B 图那样和道路成直角放置的话，写有内容的一面就朝向了行人，因此可以让行人从远处确认一定程度的内容。

这种情形，只要考虑“将大概的内容传递出去就可以了”。

如果想要顾客在远处就能确认 POP 上的所有信息，就必然要把字号变大。相应地，写上去的信息也就减少了，动机率、引导率就下降了。

因此，可以将店头 POP 中“SALE”“午间套餐菜单”“免费咨询”等之类有代表性的、简洁的一句话写大一些就行了。

不过，道路是公共设施，再怎么想要提升认知率，也不可以占用道路。另外，还有妨碍行人通行的情况。一定要注意要在自己店的占地范围之内，以不妨碍行人的角度来放置店头 POP。

要点 2

是否被埋没在周边的店头 POP 中？

不仅是同行业，如果周围设置店头 POP 的店铺很多的话，自己店的 POP 也有可能被埋没在其他店的 POP 之中。

因此，就有必要下一些功夫。例如周围的店铺用的多是黑板的话，你就用白板来突出颜色或者材料的变化。还可以使用假花、丝带等来进行装饰，店头 POP 的认知率会一下子得到提升。

还有，如果与旁边店的店头 POP 距离过近的话，会有被挡住光线、让人无法看清的情况。这样的话不管怎么调整 POP 的角度都没有意义。

这种情形，在不影响行人通行、不与其他店产生冲突的前提下，可以增加店头 POP 的高度和宽度。这也是如果不在店前实地考察一下就注意不到的事情。请在确认“角度”的同时一并检查一下。

另外，在进行确认的时候，最好要拜托与自己身高、视力、行走速度、兴趣爱好不同的人也确认一下。听取多方的意见，就能做成认知率更高的店头 POP。

要点 3

照明有没有效果？

包括人类在内，大部分动物都有被明亮物体吸引的习性。夜晚自不必说，白天也用灯光照着店头 POP 的话，认知率也会有很大的提升。

某日式料理店，在介绍午间套餐的店头 POP 上安装了照明灯。当然，午餐时间光线是好的，即使没有灯也能清楚地确认 POP 上的内容，然而只是装了一个照明灯就能让 POP 变得非常醒目。仅用一个灯泡也会变得完全不一样。用照明灯所取得的效果，应该是超越随之带来的电费等问题的。

（relax 屋 门前仲町店 / 东京都江东区）

此外，虽说都是电灯，不同的色调给予人的感觉是完全不一样的。

白色的光，会给人以充满“精神”“活力”的印象。而黄色系的光，则会带来“舒适”“治愈”的感觉。

相传这是自古代流传下来的习性，在太阳还是唯一的光源的时候，人类在白昼的白色光线下变得活跃，在夕阳的黄色光线中变得放松。

那么，我暂且抛开店头 POP 来问大家一个问题。

请联想一下便利店，你觉得店里用的照明是什么颜色的？

美容院使用的又是什么颜色呢？

估计大部分人脑中想象的前者是白色光，后者是暖色系的光线吧。

事实也是如此，前者比起让顾客在店内得到放松，更希望商品

快速地卖出去，这一战略导致一般便利店都用白色系的电灯。反之，后者为了让顾客感到舒畅、放松，一般会使用暖色系的灯光。

人们会对各种色调产生不同的心理反应，回顾迄今为止我专访过的所有店铺，其色调带来的感觉让我印象深刻。

因此，在给店头 POP 选择灯光的时候，如果仅以“因为这个色调比较醒目”，或者“因为我喜欢”这样的理由来选择的话，是很不明智的。要掌握好色调给人带来的感觉，选择与自己店铺色调相称的灯光。

用魅力来进攻，或是消除其不安，以此改变动机率

对留意到店头POP，并驻足于眼前的人，要很好地向其介绍自己的店或者展现卖点，以提高动机率。某种意义上来说，这才是店头POP的核心部分。

关于这部分，请参考前面叙述的店头POP的优点、失败模式，再加上第5章将介绍的“七大策略”的内容。此处仅介绍一个要点。

为了以店头POP来提高顾客的进店动机率，基本来说有这样两种模式：通过“宣传店铺的魅力”来取胜，或者通过“消除顾客的不安”来取胜。

“这家店非常棒，进去试试吧！”

“这家店看上去让人很放心，进去看看吧！”

前者是看到魅力宣传型的店头POP的顾客反应。

而后者是看到消除不安型的店头POP的顾客。

例如，在某妇产医院，提供的是诸如病床采用带纱帐的公主

床，生产后的出院餐可以吃到法式料理之类令人震惊的高级服务。

这家妇产医院就非常适合前面的决胜方式。如果要制作店头POP，就要写上“浪漫温馨的古典纱帐床！为祝贺生产，为您奉上特制的法式大餐！在可以变身为公主的妇产科，迎来您最重要的时刻吧”等广告语。同时附上大量的照片，还可以装饰些人造花和蕾丝来营造童话般的氛围，总之制作得华丽些比较好。

反之，如果妇产医院里的医生，是迄今为止帮助过数十万人进行分娩，有着处理与生产有关的各种特殊情况的、具有丰富经验的专家，这样的医院就应该用“消除不安”的方式来致胜。

这种情况最重要的是要想方设法提高医院的可信赖感，因此店头 POP 上要写“安心、安全！本院医生是拥有 30 年临床经验的专家，请让我竭尽全力地帮助您”之类的广告语。同时附上医生的履历等内容，也就是说要提供一些能获取产妇信赖感的“证明”会比较好。

如果制作了错误类型的店头 POP，就失去了吸引力。因此请冷静地考虑清楚适合自身的获胜方式。

“顾客应该会明白的”是绝对不能有的观点

要提高POP的引导率，必须要认识到“路人比你所想象得更不清楚店铺的位置，更不了解店铺所面向的顾客群和价格”这一点。

要在你所认为的程度上再加上30%左右，要带着这样的感觉，在店头POP中仔细地写上店铺位置、店内氛围、商品介绍等内容。

例如，经常看到一些店头POP上写着“××店的正前方就是本店”，“在××路的旁边”等说明。但是，并不是所有的人都知道那个成为标志物的店或者道路的名字。写上“在××大厦的3层”的话，看上去就会好一点。

知道大楼名称的一般都是邮递员或者快递员吧。找不到标志物的话，顾客当然不会到店里来。因此要注意请选择如便利店、加油站那种一目了然、远看也很醒目的标志物。

在离店比较远的地方放置店头POP来吸引顾客的时候，很多店铺会画上或者贴上地图。但是，有很多店铺好不容易想到要用地图，却很遗憾地没能发挥地图的作用。

请看下页图。

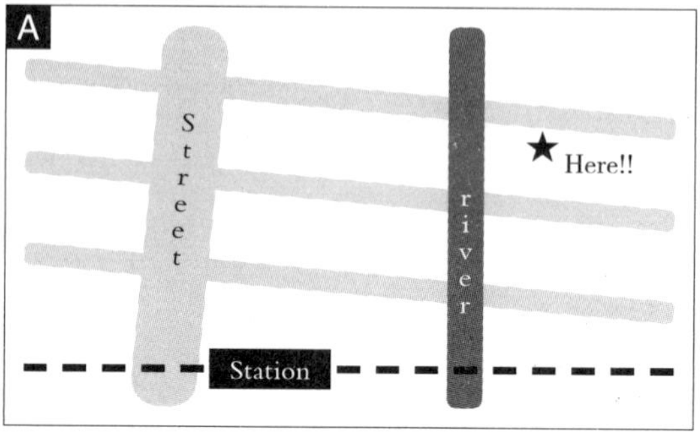

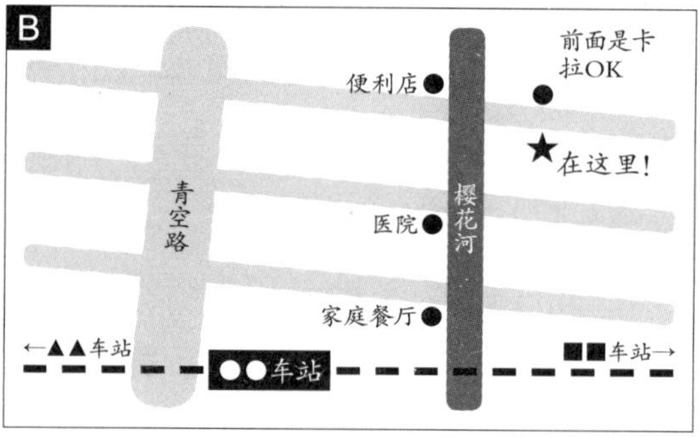

A图确实具有时尚感，但是顾客仅靠这个能找得到你的店吗？

我把像A图那样的地图称作“时尚地图”（因为在杂志上，介绍时尚的咖啡店、杂货店的时候，大多会像这样使用极其简单的地图）。

除去对当地的地理位置非常熟悉的人之外，用过于简单的地图引导顾客进店是非常困难的。

如果真的想让顾客走到自己店里来，就应该像B图那样，用易于理解的语言，标上容易辨别的标志，同时也要清楚地标上自己店的位置。

并不是“只要有了就好”，请你重新审视一下，依靠现有的地图、说明或者照片能否让顾客充分理解，这样顾客的来店率才有可能提高。

从区域的角度来想象顾客的心理

至此已经讲述了认知率、动机率、引导率三要素，接下来我想就如何提升顾客来店率再补充一点。

顾客看到店头 POP 的情形有以下两种模式：

①有意识地寻找的情形

②无意识地发现的情形

①有意识地寻找的情形，例如顾客在旅游的时候，或者在不熟悉的地方，到了午餐时间想着“吃些什么呢”而四处张望寻找餐饮店的情形。

像东京青山的美发店、大阪的章鱼烧店、福冈的街边小吃摊这样，有很多特定的店聚集在一起的地区，会有很多顾客来细细地寻找适合自己的店。

也就是说，顾客带着目的、想法、意愿来寻找店头 POP，就属于有意识地寻找的情形。

这种情形，因为是带有目的而来，所以一旦发现中意的商品和店铺，就会立刻进店。

与之相对的，无意识地发现的情形，是指在街上走着的时候店头 POP 偶然映入眼帘的情况。不是带着目的来寻找店铺，只是不经意间发现了店铺。

也有很少的情形是顾客一时冲动进到店里来的，然而基本上都只是觉得“咦？在这种地方还有这么一家店呀”就结束了。

要这样根据顾客的心理状态，从区域的角度来分析本店周围什么类型的顾客较多，并且将这些反映在店头 POP 上。

如果是类型①的情况，制作的 POP 首先要能够提高被顾客发现的认知率，和与竞争店区别化的动机率。

若是类型②的话，要将制作 POP 的重点放在顾客发现以后，让其产生“啊，我想要这个”“啊，我想吃这个”的想法的动机率和引导率上。

这样一来，就能进一步提高顾客的来店率了。

CHAPTER 5

店长必做的店头POP七大策略

本章介绍让店头POP发挥

最大能量的“七大策略”。

充分利用这些策略，

就可以更有效地吸引各种行为模式和

想法的顾客。

用店头 POP 的七大策略来提升集客力！

对到目前为止数万个店头 POP 进行调查的结果，我发现让人不经意间想要进店的店头 POP，以及能够招揽顾客的店头 POP，都存在着某些规律和理论。

为了更加方便地利用这些规律，我按照情况、场景、条件进行分类，总结出七种策略。下页图显示的就是这七种策略。

如果是新开张的店，首先要宣传自身的存在，必须让更多的人知道店铺的存在，并且到店里来。这种情况就要试着积极地实施策略①“告知策略”。

然后，有必要制作以策略⑥“印象策略”来进一步宣传自己店的存在的店头 POP，和以策略②“契机策略”来将行人变成自己店的顾客的店头 POP。开张后也要通过策略⑦“非营业时间策略”来持续地进行宣传。

反之，如果是已经经营了 30 年的老店，就没有必要再来宣传店铺的存在了。而应该将重点放在进一步提高营业额和获取老顾客上，这就要使用策略④“回头客策略”，和策略⑤“促销活

●有效利用店头POP的七大策略

①告知策略

宣传本店的存在、将顾客吸引到店内的最基本策略。

②契机策略

将偶然经过店前的行人变成自己店的顾客的策略。

③被选中策略

不使用降价手段、不费劳力而战胜竞争对手，让顾客选择自己店的策略。

④回头客策略

为获取老顾客和促使顾客反复来店而使用的策略。

⑤促销活动策略

将各种活动，还有突变天气及其他的集客不利条件也转变成商机的策略。

⑥印象策略

不经意地吸引路人，让其在今后某个时机会首先想到自己的店的策略。

⑦非营业时间策略

在非营业时间也能向顾客进行宣传的策略。

动策略”。

当附近出现很多竞争店，感到顾客有减少的倾向时，请使用策略③“被选中策略”。

即使是同一个店头 POP，根据写法或者用法的不同就会产生完全不同的效果。本章为应对各种场景和状况，总结了以上七种策略。

“本月要加强获取回头客”“本月要对新顾客实行特别优惠”等等，像这样以周或者以月为单位来区分使用这些策略。

有效利用店头 POP 的策略之 1

告知策略

原本你的店就“不为人知”

使用店头 POP 的根本目的就是让店铺的生意变得更兴隆，提高营业额。

为此，就有必要制作店头 POP，尽可能地向路人宣传自己的店，让他们知道店的存在，并且到店里来。

将行人吸引到自己店里来是需要技巧的。我把这些技巧称作“告知策略”。

这个策略不分业种业态，适用于所有的店铺。在小巷子里不容易被发现的店铺、在较高的楼层或者地下等不便进店的店铺或者存在地区性的不利条件的店铺，只要使用本策略，这些烦恼都可以得到解决。

那么，接下来就按顺序来进行说明。

首先有必要抱着“原本你的店就不为人知”的想法。要觉得行人不仅仅不知道你的店的存在，连路线、业种、人气商品都不清楚。

比起店名，更要宣传“我们是一家什么样的店”。

请看下图。

图 A 的店头 POP 中，将“○ × 商店”这样的店名作为主要信息，写得很大，而将“米店”这个业种信息小小地写在店名的下方。

而图 B 的店头 POP 中，以“米店”这个业种信息为主，写得很大，将“○ × 商店”这样的店名小小地写在下方。

在第 3 章中提到“人的视线停留在一个地方的时间通常约为 0.3 秒”。也就是说，必须注意 POP 的写法，要在行人的目光落到店头 POP 上的一瞬间内，让其迅速理解 POP 上的内容。

如果是非常有名的店，即使采用图 A 的店头 POP，也能让行人明白是“卖米的○ × 商店”。

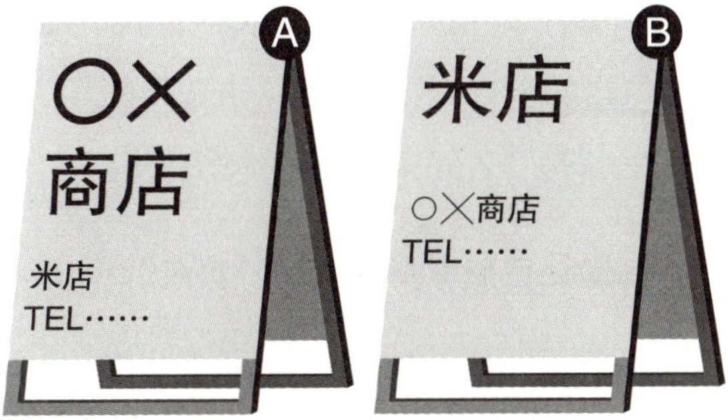

但是，除此之外，只将店名写得很大，不知道“○ × 商店”这个名称的人，一瞬间内是无法明白那到底是“经营什么的店铺”。

也就是说，好不容易让行人看到了店头 POP，但行人可能会觉得“不知道什么○ × 商店”而直接忽略掉。

话虽如此，仅仅是将字写大也是不行的。

几年前，在朋友家附近开了一家店，店头放着写着“boulangerie”字样的 POP。朋友总是骑自行车经过该店，却从未向店内窥探过，因为店里光线有点暗，朋友就一直以为是酒吧之类的店铺。

因为她不知道“boulangerie”在法语中是“面包店”的意思。有很多像这样的店铺没有清楚明白地向顾客宣传自己是经营什么的。

因此，为了让店头 POP 能够吸引顾客，要注意使用任何人都能明白的词语和措辞。

关注各种各样的 POP，会发现生意兴隆的店铺都巧妙地使用宣传标语来标明本店的业种。

首先，比起自己店的名称，更应该考虑如何明确地传达本店是“什么店铺”这样的业种业态方面的信息。

顾客不是通过店名来选择店的，而是依据“有什么样的商品”“能得到什么样的服务”来选择的。

这就是“告知策略”中的第一步。

制造让策略取得成功的“卖点”

为了让“告知策略”获得成功，要制作出“店铺卖点”，成为让顾客产生“要进这家店”的想法的决定性因素。要在店头 POP 上大力宣传的是店铺的招牌商品和服务。

如果能展示“店铺卖点”的话，哪怕店铺处在小巷子里，或者离车站很远也不会有问题。

虽说是“店铺卖点”，但如果单单介绍“店铺的人气排名”等畅销商品的话就太单薄了，不能有效地吸引顾客。

要制作让顾客着迷的“店铺卖点”，有以下几个要点。

要点 1

独一无二宣言

这些都是我在街头实际看到的店头POP：

代官山唯一一家土耳其餐厅

月岛唯一一家手工萨摩炸鱼饼

中野唯一一家大阪烧店

每一个都冠上了东京都内的地名，宣扬“在 ×× 地区唯一一家”的独一无二性。独一无二确实是只有你的店铺才有的个性，是“卖点”强有力的素材。

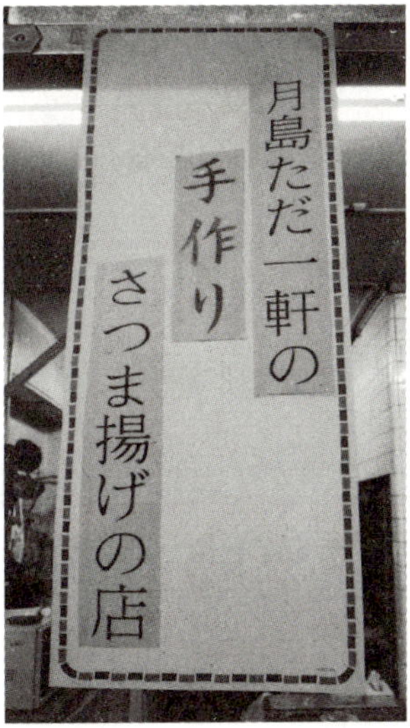

（蒲福商店 / 东京都中央区）

要点 2

最后一个宣言

在开车出行的时候，是不是常常会看到在游览地、名胜等的前面，放有写着“再往前就没有停车场了！这是最后一个停车场！”的店头 POP 呢？

在高速公路入口附近的加油站等地方，也会有写着“这里是上高速前最后一个加油站了”之类的 POP。

这也是很好的“店铺卖点”。

另外，能否打出这种“最后一个宣言”，取决于店长的努力和能力。

例如，偶尔看到有的居酒屋门口写着“只要我们有体力，营业时间一直持续。我们一直陪着您”这样的 POP。

这样的话不如试着换成“在 ×× 地区营业到最晚的酒吧！除了本店之外都关门了哦”之类的话语怎么样呢？

像这样只要稍微改变一下写法，就变成了“最后一个宣言”，从而形成了“店铺的卖点”，让顾客快速地决定“去能喝到最晚的那家店吧”。

要点3

打造本店的招牌商品

前文已经列举了三个要点，除了这些之外，还有以商品、服务的特长之处来吸引顾客的方法。

在某个烤肉店的店头 POP 上，大大地写着：

“黑毛和牛 母牛专营店”

“咦？母牛是什么情况？”你的目光一下子就被吸引住了吧？

事实上，所谓的高级牛肉、品牌牛肉，一般都是母牛的肉，并非这家店特有的商品。然而对于牛肉缺乏知识的顾客，就会产生“是什么样的牛啊”这样的兴趣。

像用“母牛”这样的词一样，可以积极地甄选、使用能给行人带来强烈印象和冲击力的语言，这也是一种手法。

可能也有些店长觉得，自己的店没有什么可以宣传的东西。这种情况下，可以制造新的像“招牌商品”之类的商品。

在一家居酒屋，推出每日更新的“5 日元菜单”，以一盘 5 日元的价格提供各种刺身。

以 5 日元的价格提供菜品确实是低于成本价了，但是进居酒屋消费的顾客没有一个只点“5 日元菜单”上的菜。

不管怎样，这家居酒屋通过推出“5日元菜单”这样大胆的商品，在店头POP上成功地制作出了能够吸引行人的“店铺卖点”。

此外，最近经常看到餐饮店尝试推出这样的商品，以一杯啤酒加几个下酒菜做成“晚酌套餐500日元”，这也可以称得上是能够简单做成的“招牌商品”了。

推出一些廉价商品，顾客会觉得“这个价格的话可以稍稍试试”，然后很轻松地进店消费。之后还有可能特别中意这家店，逐渐变成这里的常客。

哪怕推出的招牌商品在收支上难以平衡，考虑到在传单、杂志上登广告也有预算问题，像这些店铺一样尝试着以招牌商品来吸引顾客进店一次，可以说其效果要好得多。

有效利用店头 POP 的策略之 2

契机策略

创造顾客来店机会的三个具体策略

在你的店铺前，每天都有成百上千的人经过。如果能把这些人都变成店里的顾客，该是多么令人高兴的事啊。

那么，想要把只是偶尔经过店前、“没有购买打算”的顾客，变成“不知不觉间购买了”的顾客，该如何做呢？

关键点在于，要让顾客在短时间内，想象到购买或者使用后的兴奋感。

要激发顾客的兴奋感，大致有以下三种模式。

兴奋感之 1

强调实惠感

我家附近的一家超市里实施会员制，每周二会员购买任何商品都可以享受九五折的会员优惠价。

因此，每周二店内都非常拥挤。我周二也一定会去，每次都觉得“难得打折”，所以总会不知不觉买一些原本没打算买的商品。

买到了比平时哪怕稍微便宜了一点点的商品，或者享受到了优惠的话，谁都会因此感到高兴。也就是说打折是顾客购买或者来店的一大契机。

在美发店，

【新顾客只要3000日元，就可以享受原价5000日元的头发护理】

在餐饮店，

【今日来店的顾客，可以享受买整瓶红酒只要半价的优惠】

在杂货店，

【库存处理，特价优惠中】

像这样将“打折”“便宜”的字眼用在店头 POP 上，强调“现在买的话，或者来店的话优惠”之类的好处，让顾客感到兴奋。

不仅可以采用这种直接打折的方法，也有间接打折的方法。例如，在店头 POP 上写“今日开始分发即刻可用的优惠券”之类的内容，同时附上优惠券。

此外，还有一种方法，通过开展活动、展销等间接打折的方式营造出实惠感。

在某居酒屋，

【摇骰子，如果摇到奇数号的话，免费赠送烤串拼盘】

在某鞋店，

【试穿鞋子就能获取 3000 日元代金券】

搞活动与店头 POP 是相得益彰的促销手段。

说到搞活动，可能有些人会犹豫：“总觉得准备起来很麻烦。”但是，这种小小的活动对于顾客而言，却能够带来“今天我进店就是赚了”这样兴奋的感觉。

兴奋感之 2

强调消除烦恼

这是指提出顾客存在的烦恼，然后发出“我们可以帮您解决！”这样的信息的方法。

【总是感觉疲惫，我们从根本上改善您身体的诸多不适】（按摩店的实例）

【因牙齿排列不整齐而感到烦恼的顾客，我们为您提供免费咨询服务】（牙科医生的实例）

【最近感到皮肤变粗糙了吗？胶原锅让您的肌肤恢复弹性】（餐饮店的实例）

在使用这种手法的时候，重点是要“缩小目标”。

例如，前面提到的牙科医院店头 POP 的例子，比较 A 和 B 两幅 POP 内容，你觉得如何呢？

有没有觉得 POPA 具有更强的吸引力呢？

A

因牙齿排列不整齐而感到烦恼的顾客，我们首先为您提供免费咨询服务

B

因牙齿的排列、美白、牙周炎感到烦恼的顾客，我们首先为您提供免费咨询服务

缩小目标，仿佛只为了一个人而发出信息，这样看到的人内心就更容易产生共鸣。

还有一点，在缩小了目标以后，一定要使用“您是不是觉得××呢？”这样的口语形式。顾客被问到“您是不是觉得××呢”，就会下意识地进行自问自答，产生“确实如此啊”的想法。

兴奋感之3

提供惊喜

这是通过给顾客带来惊喜的感觉，或者觉得“真厉害”的感动之情，令顾客兴奋的策略。

在一家连锁居酒屋里，不是在店头 POP 上，而是在门口的墙壁上用很大的字写着“本店不致力于一切大厅服务”这样一条信息。

通常都是反过来说的吧。这真是让人惊讶得不禁“咦”的一声，同时也会引发顾客“那么，你们致力于什么呢”的强烈的兴趣。

此外，如果店里的商品有突出特征的话，通过展示实物来带给顾客惊讶也是很有效的。

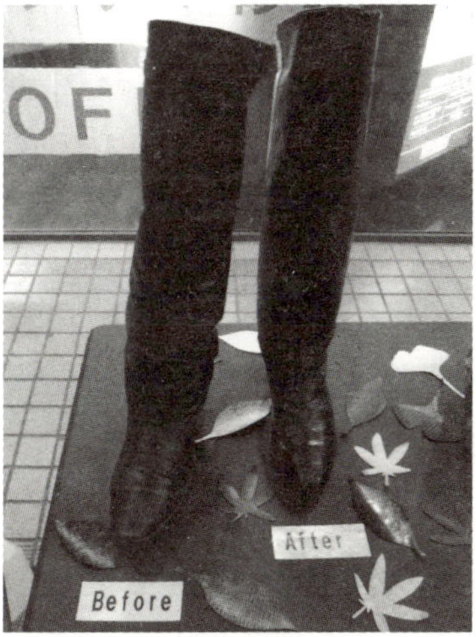

皮鞋护理店／东京都江东区

展开一个洗鞋服务的项目单，

有一家修鞋店，在写着“秋季洗鞋专科”的店头POP旁，展示着两只靴子，一只标着“清洗前”，一只标着“清洗后”。

我看到这个的一瞬间非常受震动，心里想：“啊，能帮我洗得如此干净呀！”

兴奋感＋强调限制（限定）

前面已经写了三种通过促进兴奋感来唤起顾客消费需求的方法，在这些方法上再加进一个技巧，可以进一步提高顾客“没打算买，但是不知不觉还是买了”的几率，那就是加强“限定”，不管是在时间上、地区上、数量上等等，什么样的限定都可以。

限定时间的例子：“限时优惠到21点为止”“特卖仅限今天”“今日是最后一天”等等。

限定地区的例子：“仅限涩谷”“只有在此才能买到，百分百原创”等等。

限定数量的例子：“限量100个”“售完为止”等等。

“契机策略”瞄准的顾客层是原本没有购买或者进店需求的人。正因为如此，比起刚开始就有购买欲的顾客来说，他们很有可能内心会产生“还是下次再来吧”这样的转变。

但是，通过设定“限定”，就可以让其下定决心购买或者进店消费。

有效利用店头 POP 的策略之 3

被选中策略

为了被顾客选中，强调差异化

要让顾客从数个竞争店当中挑选自己的店，就要打出自己店与其他店不一样的东西，必须要让顾客觉得“其他哪家店都没有，一定要这家店才行”。

本策略是针对那些已经决定好要进店，但是还没决定要去哪家，在街上考虑“去哪家好呢”这样的顾客的。

因此，要将自己的店与附近的其他店作比较，一点点地累积、甄选自己的与众不同之处。

接下来介绍几个实例。以下是某家咖啡馆里写有菜单的店头POP。

【用京都·宇治的老店 ×× 屋的抹茶，制作的抹茶栗子拿铁】

【用世界唯一一家七星级酒店所使用的茶叶，精心炮制的红茶】

【使用栃木县农庄直送的无农药有机蔬菜，米饭是用新鲜的胚芽米加上五谷米混合蒸的】

像这样，如果自己店有与众不同的优点和特色的话，那就是与其他店区分开来的个性和魅力。一定要积极地将其体现在店头POP上。

以“数字”来展现魅力

个性和魅力不仅仅限于商品的优点。

在一家位于办公街区的立食拉面店，店头POP上写着这样的广告语：30秒就做好一碗面，赶时间也能吃得上！

在办公街区，一到午餐时间，每家店都排了很长的队伍。在这些店当中，这家立食拉面馆展示出“马上就能吃到”这样的吸引力，因此这家店内常常挤满了上班族。

如果 POP 上只是写“等待时间很短哦”这样的话语，有些顾客看到长长的队伍，或许会觉得“这么多人，等待时间不可能短的吧”，从而选择离开。

这家店获得成功的原因就在于给出了“30 秒”这样具体的数字。

再举一个以数字来展现出吸引力的例子。

某家酒吧设置了这样一个店头 POP，上面写着“二十余种醇香杯装红酒！十余种来自世界各地的奶酪”。

偶尔也会看到如 A 图那样的 POP，写着“备有各种商品”“种类丰富”等信息。这与写着具体数字的 B 图 POP 相比，你觉得哪个更好呢？

杯装红酒种类丰富！

A 图

二十余种醇香杯装红酒

B 图

即使右侧 POP 的店铺商品种类真的很丰富，但是像左侧那样用具体的数字来说明，更能给人以种类很多的实感。

也就是说，前面的拉面馆也好，这里的酒吧也罢，写出具体的数字，就向顾客传递了更为明确的信息，因此更能突显出该店的魅力。

“丰富”“多数”“很多”等词汇概念很模糊，理解起来也是因人而异。

看了这样的店头POP，顾客到了店里，如果发现“比我想象的品种要少”之类的情况，就会感到失望，这对于店方的形象来说是很不利的。

细节也能成为魅力

现在液晶电视机已经不是稀有的东西了，在它还没有得到普及价格很高的时候，某个意大利餐厅购入了一台大型的液晶电视机。液晶电视机设置在店内，时常转播职业棒球赛、大型联赛、足球赛等体育赛事。

店主在店头POP上写着“请到店里来观看巨人队的比赛”“正在放映世界杯日本战”之类的信息。

这一策略在当时非常受欢迎，在播放世界杯比赛等赛事的时候，店里的人多到挤不进去。

也就是说，所谓个性的魅力是自己能够创造出来的，哪怕是很细微的东西也可以。

“店内提供免费WIFI”

“非常欢迎独自光临的顾客”

"可以打包"

"带婴幼儿的顾客也无需顾虑"

将这些写到店头 POP 中去，就能成为不错的吸引力。

小小的一句话也能打动顾客的心

以前我去福冈旅行的时候，曾经就因为小小的一句话语而决定到店里去。说到福冈，有名的是街边小吃店。特别是在中州、天神、长浜都有集中的美食街。

对于初次到福冈的我来说，无法决定进哪一家的好，在我很迷惘的时候，发现一家小吃店的门口贴着一张纸，上面写着"店里冷气很足哦"。

那时正值酷暑，夜里非常闷热，因此我立刻就决定到这家店里去。

或许跟旁边的店铺比起来，也没有特别凉快，但是就是这么小小的一句话抓住了顾客的心。

可能正是你犹豫着"没有必要将这种话一一写出来吧"而最终没写到 POP 上去，因此就放跑了顾客。

我又要重复一句，店头 POP 无论多少次都可以擦掉重写。如果觉得"果然没什么效果"的话，换上其他的信息就可以了。不管多么细小的一句话，试着写上去看看吧。

试着以媒体报道来推动！

媒体报道也是有很大的个性魅力的。

店头 POP 上只要有“登载于 ××× 杂志 6 月刊！”“电视上介绍过”“○○模特的推荐品”等的信息，就能变成很大的吸引力。

可能你会觉得“如果不是非常出名的店铺或者人气店铺，媒体应该不会来采访的吧”，其实并非如此。

（日式料理 加濑政 / 东京都丰岛区）

据某位与餐饮店相关的杂志记者说，周刊、月刊的更新必须要写新的素材，素材寻找起来非常吃力。因此，如果有人提供素材的话，对杂志社来说是非常有利的事情。

当然，不是所有的店铺都能被采访的。首先，要试着向你希望其采访的媒体做一个宣传，通过电子邮件或者传真，传递诸如“本店具有这样的特色”“我们有非常受欢迎的商品”之类的信息。

有效利用店头 POP 的策略之 4

回头客策略

不能“总是一样”

想要把客人变成回头客的话，让顾客喜欢上店里的商品和服务，这当然是首要条件。在此基础上，充分利用店头 POP 也能对培养回头客给予强有力的支持。因此称作“回头客策略”。

“再次光顾”的大敌就是“被厌倦”。顾客刚开始看到店头 POP 的时候，注意力被吸引，想要知道“是什么店头 POP 呢”“上面写了什么内容呢”。但是，如果总是相同内容的话，不光是没有人会再去看内容，店头 POP 本身也成了一道背景，变得再也没有吸引力了。

怎样才能成为必定会被看到的 POP 呢?

我们在“回头策略”中所追求的目标是，要制作出让经过店前的行人一定会看的店头 POP，或者让顾客特意绕远路也要到店里来的店头 POP。

为此，就必须制作“不断变化的店头 POP”。

例如，在“告知策略”部分介绍的，每天推出不同的“5日元菜单”的大众居酒屋，该店必定每天都在店头 POP 上介绍“今天的 5 日元菜单”。由于 5 日元菜单每天不同，POP 上写的内容也每天都变。

我是两年前发现这家店铺的店头 POP 的，到现在只要经过这家店前，就会想“今天的 5 日元菜单会是什么呢”，一定会去看一眼 POP。如果发现自己喜欢的食物在 5 日元菜单上，就会下意识地到店里去。

在某家便利店，实施的是每周推出 5 ~ 8 个特价商品的策略。并在店头 POP 上将这个做成“每周特价商品”介绍给顾客。

还有，餐饮店在店头 POP 上推出“每日更新午间套餐”，也属于这种手法。

总之，定期更新、推进店头 POP 的内容，保持 POP 的新鲜度，就能够不断地吸引路人的注意，让其下意识地去想“有没有什么新的信息啊”。

也要准备“不变的 POP”

在“回头客策略”中有必须要遵守的注意点。

那就是要准备两种类型的店头 POP。

我想不论哪家店，都有持续畅销的经典商品。

诚然，在顾客当中也有很多“是因为喜欢那个经典商品，所以经常到店里来的”。

另外，还有一些第二次光临的顾客，有可能他前一次光临是在一年多以前了，这就是所谓的“低频率回头客”。

如果店里只设置写有每日更换、每周更换菜单的，“不断变化的店头 POP”的话，那这些老顾客该怎么办呢？他们有可能会认为“或许我喜欢的东西已经没有了吧”。

因此，为了不失去这样的顾客，店里必须要有写有经典商品、人气菜单的“不变的店头 POP”。

“不断变化的店头 POP”和“不变的店头 POP”要使用不同材质、不同颜色的材料来制作。

“不断变化的店头 POP”是为了吸引顾客，让顾客一眼就能注意到“写了什么新东西了啊”而设置的。

如果两种 POP 都写在黑板上，都用相同的色调来写的话，就看不出其区别，失去了意义。

如果“不变的店头 POP”用的是黑板的话，那“不断变化的店头 POP”就要用签字笔在白板或者白纸上书写，这样两者的区别就一目了然了。通过这种方法，既能吸引抱着“今天的菜单会是什么呢”的期待而来的常客，也能吸引抱着“经典菜品还有没有啊”的期待而来的低频率回头客。

用“街头博客”形式的 POP，时常发布信息

写“不断变化的店头 POP”，其内容不仅与商品、服务有关，有可能会因创意的不同而发生各种变化。

在某个室内装饰材料店的店头 POP 上，有一个几行字的小专栏，叫作“今天是什么日子”，介绍当天的纪念日。这就是所谓的“街头博客”。

可能你会问：“每天都有纪念日吗？”其实纪念日是非常多的。只要在网上搜索一下就能知道每一天是什么纪念日。

顺带提一下我的生日是 1 月 2 日，这一天是“初梦（新年的某夜做的梦）”、“首卖（新年首次贩卖）”纪念日，也是“月球火箭”纪念日。

刚开始的时候只是不经意地路过这家装饰材料店，慢慢地就开始在意“今天是什么日子呢”，最后发展到每天特意绕路去查看店头 POP 了。

唯一遗憾的是，这家店的 POP 上的专栏是与其经营内容毫不相

干的。

如果可以的话，还是要写一些与自己店经营内容相关的信息。

鞋店的话，可以在POP上介绍一些如“梅雨季节鞋子的保养方法”“红白喜事的穿鞋礼仪”等内容。如果是鱼店的话，介绍一些如“当季鱼的营养”“最美味的食用方法”等信息会比较有意思。

对店方来说是常识的信息，在顾客看来往往是“啊，原来是这样的啊”的新奇内容。正是这样的内容能够对顾客产生吸引力。

为构建特别的关系而“特殊对待”顾客

在某糕点店的店头POP上，写着“祝你生日快乐”，下面还附上了小××、××君这样的名字。据说店铺会为购买生日蛋糕的孩子免费将其名字写到POP上去。

偶尔在一些温泉旅馆的正门口，会以“欢迎××贵宾”的形式写上入住者的名字，或者还有一些相似的例子。把名字与祝贺、欢迎的话语写在一起，这样很少有人会觉得反感。

另外，写名字这个事情不用花费成本，是很容易就能提供的服务。从顾客的角度来看，会因为“那家店特意写上了我的名字哎”而感到高兴，也会觉得“自己是被特殊对待的”。

特殊对待是创造回头客的要素之一。如果被店方以对待老顾客、VIP顾客的态度来对待的话，顾客也会眷顾这家店铺的。

不过，如果做得太过的话，可能会招致其他顾客的反感。因此要掌握好分寸，这样创造回头客的几率就会增加。

通过“定期”更新来抓住固定客源

店头 POP 的变化和更新要具有定期性。

“回头客策略”是通过保持经常性的变化来让顾客养成看店头 POP 的习惯，最终实现将顾客拉到店里来的目的。

但如果有时候更新，有时候不更新的话，会怎么样呢?

之前用到了“街头博客”这个词，实际上网络博客为了获得更多的读者，其秘诀之一就是保持定期更新。

一般情况下，刚开始的时候读者都会关注博客“有没有更新呢”，但如果更新时间不统一或者很少更新的话，读者会觉得“反正去看了也是同样的内容吧”，关注的人就越来越少了。

店头 POP 的话没有必要每天都更新。当然，更新次数多一些是最好的，但是，如果三天之内每天都更新，而接下来三周都几乎没变化……比起这种状况，一周一次，坚持不断地更新的状态，获取回头客的效果要好得多。因此，坚持定期更新非常重要。

有效利用店头 POP 的策略之 5

促销活动策略

天气、活动、特别的事件，都是促使顾客消费的机会

在举行升学仪式、成人仪式之类的人生仪式的时候，或者在圣诞节、赏樱花季节等季节性的活动的时候，消费者会有“因为一生就一次……”“因为难得……”这样的想法，所以有比平时更舍得花钱的倾向。

另外，还有很多消费者会以“巨人队赢了，去庆祝一下吧”“今天好冷，喝一杯暖和一下吧”之类的时事新闻、实时天气为缘由而去消费。

也就是说，充分利用好活动、时事新闻、天气等因素，就有可能提高集客力或者客单价。

以“沾光精神”将活动与自己的店联系起来

或许有的店长会说“从行业上说本店与这些活动啦新闻啦都扯

不上关系”。然而，这是一个很大的误解。

例如，说到书店的店头 POP，一般其主要内容是介绍新刊的。

但是，在情人节的时候，可以介绍关于制作手工点心的烹饪书籍；在黄金周来临之际可以介绍旅行指南类书籍等等。在店头 POP 上以“×× 书籍特辑”的形式，将书店与社会上的各种活动联系起来。

时事新闻也是如此。在新闻报道首相更替换代的时候，可以推介新首相、内阁成员的出版物或者相关书籍；如果出现了在奥运会上拿金牌的选手，可以备齐该运动项目的入门书籍、相关书籍等等。可以在店头 POP 上推出“×× 关联书籍特辑”。

还有，很多照相馆会在升学仪式、毕业典礼的季节、七五三节

（日本传统节日）等时候，推出“敬请拍摄纪念照”的重大活动。但是，好像很少有照相馆会在圣诞节、情人节开展相关活动。

因此，在情人节的时候，尝试在店头 POP 上推出“来拍个情侣纪念照怎么样”之类的活动吧。

认为“与我们店没有关系”的话，就眼睁睁地错失了商机。要积极地去捕捉看似与自己店无关的活动、天气、时事新闻等信息，看“能不能想办法与自己店建立某种联系”，以“沾光精神”活用那些信息来提升集客力。

然而，如果单是用“圣诞节展销活动进行中”“有冰啤酒哦”这样的广告语的话，就太普通了。

这时候“观念的转变”和“策划力”就显得非常重要了。

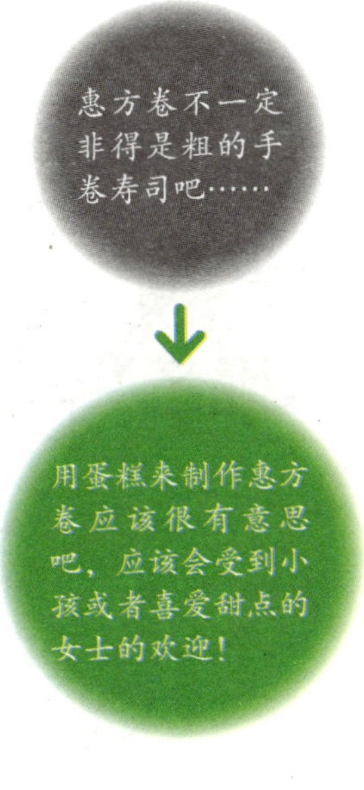

例如，在 2 月 3 日（立春，日本传统节日），有食用“惠方卷”——一种较粗的手卷寿司。

这原本是关西地区的习俗，最近在关东地区也流行起来了，现在还出现了用惠方卷形状做的瑞士卷、面包，甚至是蛋包饭等各种各样的关联商品。

大部分人都觉得“惠方卷与蛋糕毫不相干”。

但是，就是有了这种灵活的转变，这家瑞士卷公司成功地创造出了新的商机。

磨练勤于处理和获取信息的能力

前文写到要将所有的事件都变成招揽顾客的机会，这里所说的事件大致可分为两类：“与人生、季节相关的活动”和“天气、时事新闻等方面的事件”。

“与人生重大事件相关的活动和与季节相关的活动”绝大多数都是事先安排好的，或者决定好的。不会出现“突然决定明天举行婚礼吧”的现象。对于这些活动，能够进行事先准备和处理。

而另一方面，“天气、时事新闻”不到当天是无法弄清具体情况的。正是因此，店头POP才会具备本书第2章中所讲述的优点，即能够完全发挥“随机应变的应对能力”。

在应对突发天气、时事新闻的时候，除了“转变观念”和“策划力”之外，还需要“勤快”。

例如，梅雨过后，正

式进入夏季的时候，假设制作了这样一个店头 POP：“炎炎夏日，在您回家前来一杯冰啤酒凉爽一下吧。”

虽说都是夏季，有像要被烤熟一样的酷暑，也有像秋季一样凉快的日子，还有下暴雨的时候。

如果在感到凉爽的日子里，展出“炎炎夏日……”这样的店头 POP 的话，能引起路人的共鸣吗？

反而会招来路人“这么凉爽的天，说什么呢”的反感，从而有可能导致店铺的形象受损。因此，以天气为素材写店头 POP 的时候，勤于维护是非常有必要的。

另外，还必须要具备信息搜集能力。要经常从报纸、杂志、电视、网络、街谈巷议等渠道，搜寻能够成为 POP 素材的新闻。

如此想来，这个“机会活用策略”必须具备“策划力”和“观念转变能力”，还要求做到“勤于处理”，并且要会“获取信息”。它是一个最需要下功夫的策略。

但是，若是现在你店里的商品和服务没有大的优势，或者在地理位置上多少有些不利因素的话，根据贵店的策划能力，用这个策略可以抓住成为人气店的机会。

有效利用店头 POP 的策略之 6

印象策略

把店铺"符号化"，留在顾客的记忆中！

不管设置多么棒的店头 POP，也不可能让路过店前的所有顾客都马上进到店里来。

即使顾客在经过店前的时候对该店铺产生了兴趣，但如果过后再也没有想起这家店的话，就失去了意义。

因此非常重要的一点是要让顾客记住自己的店铺。换言之就是将店"印入"顾客的记忆中。为了让店铺容易被顾客记住，就有必要将店铺的特征进行"简单化 = 符号化"处理。这样做的话，顾客记住店铺的概率就会提高。

如何制作店铺"符号"呢？

那么，所谓的符号化具体来说要怎么做好呢？

例如，假设眼前有两家意大利餐厅。

A：店门口放着写着“意大利菜 ××”店名的牌子

B：店头挂着大大的意大利国旗。

过了很久以后，你觉得顾客会记起这两家餐馆中的哪一家呢？

恐怕门口挂国旗的店铺B，会比较容易留在顾客的记忆当中吧。

据说人的左脑负责管理语言、文字等信息，而右脑则管理图片、映像等的图像信息。

左脑的记忆容量是有限的，要记住新的语言、文字信息的话，就会覆盖旧的信息。由于左脑是这样的构造，所以不善于长久地保存信息。

（Topolino 门前仲町店 / 东京都江东区）

但是，与左脑相比，人的右脑的容量要大得多，并且记忆的能力也比左脑要高。

也就是说，图片、映像等的图像记忆更能得到长久地保存。

人们看到某个风景，常常会觉得“这里我以前来过”，会唤起已经遗忘的记忆。

而另一方面，是不是也常

常发生这种现象？对于常常路过的店，能想起其所在的位置，但是往往记不得是什么店，或者店名是什么。

总之，为了让顾客准确地记住自己的店铺，要像前文的“意大利国旗 = 意大利菜”那样，用图像信息来吸引顾客，可以说这样做效果会更好。而店名反而可以作为无关紧要的小信息进行处理。

或许有人会觉得“话虽如此，但是顾客不记得店名是不行的吧”。

然而，在顾客“想吃意大利菜”的时候，想起“在哪里我不记得了，但我记得有一家叫作 ×× 的店”。比起这种情况，还是让顾客记住“那里有一家意大利料理店”更为重要些。

这是因为，顾客不知道店在哪里就肯定不会到店里来。记不住店名的话，等顾客来了两三次以后慢慢记住也为时不晚。

用能唤起很多人共鸣的物品来实施“符号化”

除了国旗之外，能代表店铺的形象化的物品还有哪些呢？

装饰着硕大仙人球的墨西哥餐厅。

摆放着俄罗斯套娃的俄罗斯餐厅。

在某家土菜馆，装饰着“稻草人”“臼”“杵”“芒草”“稻草鞋”等物品，从而营造出了一种家乡、农村的气氛。

另外，也可以用店里现有的物品。

在一家七厘炭炉（低温陶制炭炉）烤肉店，在店门口附近，展示着店里实际使用的七厘炭炉，与其说是展示不如说是像山一样堆放着。这当然是为了吸引眼球，也具有“本店是七厘炭炉烤肉店”的宣传效果，被行人记住的可能性很高。

这个物品也可以自己制作。在某啤酒吧，用画纸做啤酒杯，玻璃纸做出啤酒沫的效果，做成了一个盛满啤酒的酒杯式样的作品，贴在黑板上。

选择物品的要点，是要让很多人产生“说到这个行业或者这种类型的店的话，就是这个”这样的共鸣和联想。

不是只要用新奇的元素就好，如果顾客只是记得“店头有很显眼的装饰物，但那是什么店呢”，这样就没有意义了。

让顾客记住文字信息的窍门

有些顾客虽然知道“那里有一家 ×× 的店”，但是总是时机不对，以至无法到店里来。

贪婪一点地说，最好能将“营业时间到几点结束呢？”“定期休息日是星期几呢”这些信息也一起印到顾客头脑中去。

想让顾客记住文字信息，有一些技巧，掌握好了这些技巧，就能提高文字信息留存在顾客记忆中的几率。

时常看到一些想要尽量地把信息传达给顾客，而写得满满的，信息像要溢出来一样的店头 POP。从想要让顾客记住信息的角度来说，这样的 POP 是失败之作。遗憾地说，信息过多的话，顾客搞不清哪个是重点，最终脑袋里什么也没能留下。

要想让人记住信息，就有必要对信息进行整理和缩减。将信息印入顾客记忆中的关键，就是前文所述的“符号化”。也就是说一定要将信息集中化、简单化。

以某家理发店为例，如下页图那样，在店头 POP 上写上十个特点，你觉得怎样呢？

特点太多了，有可能顾客一个也记不住。请记住，人类一次能记住两条信息，顶多三条信息。不要传递所有的信息，要甄选出你最想传递给顾客的信息。

这家理发店，如果像下页图那样缩减信息量的话，就增加了被

- 理发店
- 剪发费用 10分钟1000日元
- 不加收费用
- 全年无休
- 营业时间10:00～19:00点
- 无需预约
- 也非常欢迎小朋友、女性朋友的光临
- 可以指定发型师
- 特有的理发技术
- 店内设有等候室

↓

- 理发店
- 剪发费用 10分钟1000日元
- 全年无休

记住的可能性。

此外，听起来让人感觉舒服的话语也容易被记住。

特别是日语，用五个字或者七个字组合起来的句子，节奏感较强，会给人比较舒服的感觉。或许是因为俳句（日本的一种古典短诗）、和歌（日本的诗歌）等都是由五个字或者七个字组成的，所以日本人听起来比较习惯吧。

当然也不排除有例外，在考虑广告语的时候，不仅要在纸上写，最好还要在嘴里念一念，确认一下是否好读、好记。

若是具有冲击力的话，用老掉牙的噱头也可以！

也有用无聊的笑话、噱头，或者方言来制造出广告冲击力的方法。

某房屋改建公司使用了“比起妻子更容易改变的是墙壁的颜色”这样的广告语。这是一不小心很容易招致投诉的广告语。但也可以说是只要看到就能让人记住的广告语。

另外，在第2章“店头POP的优点之2”的“迟效性吸引力”中，介绍了从15点开始营业的居酒屋的例子。通过推出自己的店的个性也可以给顾客留下较深的印象。

从这个意义上来说，使用方言也能赋予POP以冲击力。

对于大城市里的人来说，方言有个性，而且能让人感到温暖，还能让人联想到热情的服务。善加利用的话会起到不错的效果。

有效利用店头 POP 的策略之 7

非营业时间策略

店铺关门以后正是获取新客源的大好机会

终于讲到了最后一个策略。迄今为止我看了那么多的店头 POP，心里一直有一个疑问。

那就是，在营业时间内，很多的店铺都展示出了非常棒的店头 POP，为什么在店铺关门以后，就不做任何宣传了呢？

很多店铺至多就是在墙上贴着菜单、营业时间、定期休息日等的介绍，或者只挂着“CLOSED”“预备中”“准备中”之类的冷冰冰的牌子。

从街道的管理条例，或者有被盗风险的角度来看，放置跟营业期间一样的 POP，或许有点困难。

但是，在非营业时间里，店前或多或少总是会有行人经过的。

对这些行人不做任何宣传的话，可以说会错失很多的潜在客源。你不觉得这样很可惜吗？

要 24 小时 365 天不间断地进行宣传

某便当店营业结束后，在店门和外墙上，贴有菜单，还有大约 20 张、放大成 A4 纸大小的便当的照片。贴有海报的店很常见，但是整面墙贴满放大的照片的店很少，所以非常醒目。

不仅如此，这些照片就像在本章最后的专栏里介绍的那样，都是能刺激食欲的照片，让人忍不住停下脚步细细观看。

这家便当店位于办公街区，一过 15 点店就关门了，但是在 15 点的办公街区，人流量还是相当大的。

相信这家店在关门以后也成功地吸引了相当多的顾客。

（J-BOY/ 东京都中央区）

如果在营业时间之外，让店里的员工站在店头进行宣传的话，当然就会花费人工费。但是，如果使用店头 POP 的话，不用花费多余的人工费和加班费，而且能 24 小时 365 天不间断地进行宣传。

店铺关门的时间正是决定其价值的时刻

我认为在非营业时间里，店铺展示什么样的店头 POP，会给该店的价值和形象带来很大的影响。

下面介绍两个西餐厅的实例。

两家店在午餐营业时间结束后到晚餐营业之前的休息时间段里，都设置了店头 POP。

A 店的店头 POP 上写着“休息中，请让我静静”。而且在旁边还放置着另一个 POP，写着“本店设有吸烟区和禁烟区，敬请配合”。

这家 A 店虽然设有两个店头 POP，但是却完全没涉及休息时间到什么时候结束，晚餐时间什么时候开始等内容。

感谢您的光临。
今日的午餐时间已经结束了。酒吧营业时间从17点开始。我们衷心期待您的光临。
店内可供参观学习，欢迎您的到来。
TEL：03－××××－××××

而在另一家，B 店则设置了如左图这样的店头 POP。

在店头 POP 上，不仅清清楚楚地写着晚上的营业时间，同时还附上了店内使用的菜单，顾客可以了解该店铺提供的菜品和价位。

比较一下，你会对哪一家产生好感呢？

诚然，我想 A 店是抱着诙谐幽默的目的，而展出了“请让我静静”这样的店头 POP。但是，如果是店员这样说的话，顾客会是什么感觉？

搞不好有可能会招致投诉。

大部分的店都像这样，不重视非营业时间段的店头 POP。

因此，像 B 店这样认真制作店头 POP 的话，会给顾客带来这家店非常注重细节的印象，顾客就会期待着这家店提供细致周到的服务。

“想看店头 POP 却没法看到”

事实上，在非营业时间设置店头 POP，并非只是增加了向行人宣传的机会。

还可以向“想看店头 POP 却看不到的人”进行宣传。

这里的“想看店头 POP 却看不到的人”大致分为两类。

①由时空等因素导致无法看到的情况

假设有一家营业时间为 10：00~22：00，定期休息日为周六、周日的中餐店。

比如有一个公司职员早上 8 点出发上班，晚上 11 点回家。如果这家中餐店在非营业时间不放置店头 POP 的话，那么这位职员在上班的日子里即使每天都路过该店，当然也就看不到 POP 了。

因此，有些顾客虽然家在附近，却对店铺的情况一无所知。

②心理因素导致无法看到的情况

在顾客当中，有一部分人非常不愿意“被营业员推销商品”。

他们即使对店铺感兴趣，但是觉得在热闹的营业期间“被店员搭话的话很麻烦”，因此，对仔细看店头 POP 这件事感到迟疑。

此外，还有因为其他的原因而不能好好看店头 POP 的情况。

就男性而言，对女性顾客占多数的店铺，比如蛋糕店、花店、美容院等等，进店就更不用说了，很多人内心对站在门口浏览店头 POP 都有抵触情绪。

女性亦是如此。即使对拉面店、牛肉盖饭店、立食荞麦面店等大叔们爱光顾的店铺感兴趣，很多人也不愿意站在店门口看店头 POP。

那么，这些看不到店头 POP 的人，是不是就被排除在潜在顾客之外了呢？其实并非如此。

在非营业时间段内放置店头 POP，如果能让这类顾客对自己的店有所了解的话，他们或许就能安心地进店，或许还能帮忙宣传“有一家看上去很不错的店”。

有一家美甲沙龙，在店门口放有写着“欢迎男性朋友随意浏

览”的牌子和美甲菜单。

然而，即使店方挂出了“请随意”的牌子，对于男性来说，停留在女性顾客居多的美甲沙龙门口，多少还是有些不好意思的。但是，如果是营业结束以后，没有店员也没有其他顾客的情况下，男性顾客就可以放心浏览了吧。

也就是说，在非营业时间内设置店头 POP 这一举措，是让“有可能看不到店头 POP 的人”好好了解自己店铺的好机会，也潜藏了招揽至今错过或者没发掘的新客源的契机。

为了招揽“有可能看不到店头 POP 的人”，要另外准备与营业期间不同的店头 POP，对本店的商品、提供的服务等，要做出比营业期间的 POP 更为详尽的说明。

例如前面提到的美甲沙龙店，美甲菜单、费用的详细说明自然是必不可少的。此外再贴一些店内美甲师的照片，还可以将顾客经常咨询的问题做成“常见问题”，并附上答复张贴在店头 POP 上。

是什么样的店，提供什么样的商品和服务？在非营业时间内，也要用心做好店头 POP，内容以自我介绍为主，让顾客能够安心地到店里来。

非营业时间的店头 POP 上要附有优惠信息

虽说非营业时间的店头 POP 内容应当以自我介绍为主，但是既然是在非营业时间段内，那就意味着要让顾客今后再次光临本店。

因此，不能仅仅只做一个自我介绍，还要使用一些技巧来提高顾客的来店率。

这个技巧就是要让顾客产生“幸好特意在非营业时间来看店头 POP”的“实惠”感。

前文提到的那家西餐厅，午餐时间和晚餐时间是分开营业的话，在午餐营业时间结束后到晚餐营业时间开始前，尝试着在店头 POP 上写上这样的信息如何呢？

“感谢您在本店的非营业时间浏览店头 POP。为表达我们的谢意，在您光临本店时，将特别为您奉送一道菜品！”

在“契机策略”中也提及了，只要比平时的价格略微优惠些，或者打点折扣的话，顾客就会很开心，不经意间就会来店购物或者消费。

更何况在非营业时间来看POP的顾客，会觉得只有自己得到了优惠。这种特殊的待遇会促使顾客到店里来。

再者，在制作非营业时间的店头POP的时候，可以多参考一下百货商店、服饰店等与流行时尚相关的店铺橱窗设计。

这些店在营业时间结束后，一般整晚都会亮着电灯，时时刻刻向路人“展示”其商品。

尤其是中等消费水平的店铺的橱窗，比一流品牌、商场之类的高消费的店铺，更具有参考价值。

一流品牌、商场的展示品，比起销售他们大部分更重视品牌的形象和设计。而中等消费水平的店铺在设计橱窗的时候，大多将“销售商品”放在第一位来考虑。

到店铺开张时间之前的银座、涩谷等地走一走，可能会产生不错的灵感。

COLUMN

使用照片的话，请用“近景”模式拍摄！

在店头POP中贴上菜品的照片，就更能吸引顾客。

这个时候关键的是照片要能够“刺激食欲”。

“能刺激食欲的照片”是指，能够传递美味，让顾客忍不住流口水的照片。巧妙地利用这样的照片，能够刺激到顾客的感官，让其产生“想吃”的欲望。

现如今的数码相机，哪怕是两三万日元的也能拍出刺激食欲的效果。拍摄技巧是要尽量地靠近拍摄物，使用“近景”模式进行拍摄。

例如，拍摄午间套餐照片的时候，为了拍摄托盘上的所有菜肴，常常会用拉远一点儿的镜头拍摄。这样拍出来的照片很难传递出美味的感觉来，一般只能用于介绍菜单。

但是如果使用“近景”模式靠近菜肴进行拍摄的话，只有一部分对准了焦距，其他部分是模糊的，拍出来的效果连自己都会觉得是惊人的美味。

最近，有很多人在博客中介绍自己做的菜肴，或者分享在餐厅中品尝到的菜肴。其中让人觉得“哇，看上去好好吃啊”的照片，几乎都是用近景拍摄出来的。

这样的美食博客上的照片很具有参考学习的价值，请一定对照着看一看。

CHAPTER 6 提升三倍威力的18个小妙招

为了制作出让顾客情不自禁驻足浏览的

店头POP，

最后想要给大家介绍一下各种小妙招。

排序不分先后，

有适合自己店铺的招数请一定尝试一下。

稍微下点功夫，让店头板书更具集客力。

提升集客力妙招之

1 试着撩拨一下顾客

在店头 POP 上仅仅用“非常棒哦”“很有特色哦”这样的话语来列举商品的特长，以期吸引顾客来购买，这样的做法并非良策。

可以用一些激发顾客挑战精神或者好奇心的语言，来刺激顾客的消费欲。

我偶然发现了两家拉面馆，在店头 POP 上使用了撩拨性质的话语。

昨天拉面加单的最高纪录是：男性 5 次、女性 3 次。你要不要来尝试刷新一下纪录呢？

真正的麻辣风味：特别为不满足于拉面的辣味的你而准备！

对自己的大食量有自信的顾客、喜欢吃辣的顾客，这样的广告语应该能勾起他们的好奇心吧。

不过要注意的是，虽说是撩拨性的话语，但与“你行吗”这种高高在上的语气，或者是寻衅吵架之类的是有差异的，一定要把握好这一细微的区别。

提升集客力妙招之

2 逗顾客会心一笑

没有顾客会想要进阴沉沉的店铺，热情的待客方式、舒适的服务才是顾客选择店铺的首要条件之一。

为此，在制作 POP 的时候我们可以费些心思来逗顾客一笑。

例如，右图这个是在举行成人仪式的季节，某居酒屋的店头 POP。

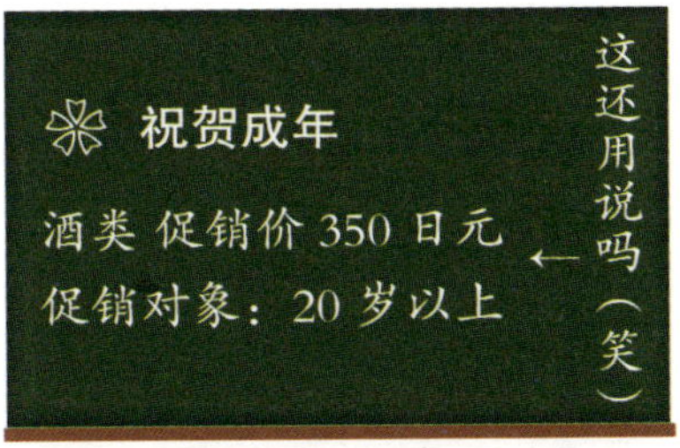

在某烤内脏串店的店头 POP 上，大大地写着“今日牛内脏串 400 日元，猪内脏串 350 日元”，在其下边写着如右图的内容。

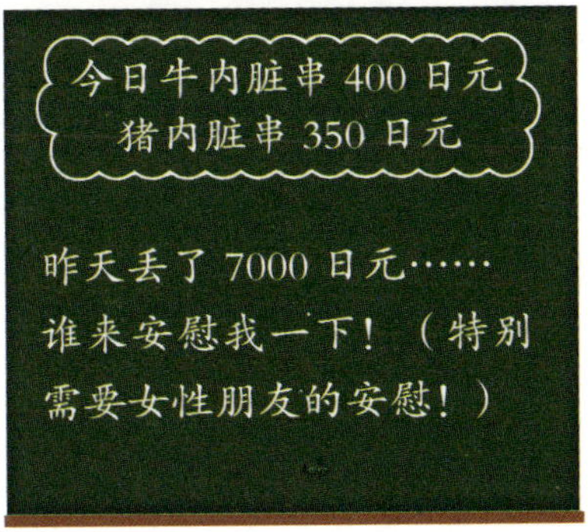

不会令人捧腹大笑，目的在于逗顾客会心一笑，让其感受到店内欢快的气氛。

这种类型的店头 POP，如果用在高档的店铺或者追求雅致氛围的店铺的话，可能会给人以不够稳重的印象。如果是追求活泼热情氛围的店铺的话，试一试效果会比较好。

提升集客力妙招之

3 提供一点帮助信息

在店头 POP 上加入一些对顾客来说“方便”“有用”的重要信息的话，能够更好地吸引顾客的目光。

在因镰仓大佛而闻名的神奈川、镰仓等观光地区，也有在店头 POP 上加入能帮到顾客的信息的店铺。

这是刚好位于景区街上的一家酒馆，在店头 POP 上贴有名为“镰仓地图”的数张周边地图，同时还贴有写着“到大佛两分钟”“到海边十分钟”之类的，标明从该店到各景点所需要的时间的纸张。

当然，如果只是这样的信息的话，就变成了单纯的景区热心商店了。但是，在地图的下方写有“镰仓特产本地啤酒 ×× 日元 1 瓶”的广告语，同时还堆放了一些啤酒瓶。这实在是非常巧妙的构思。

在所销售的商品与竞争店没有什么大的区别的情况下，能否让顾客暂且停下脚步是非常重要的。作为消费者来说，比起“买些什么”，更多的则是在犹豫“在哪家店买呢”。只要让顾客停下了脚步，顾客会觉得“好容易来了一趟，买一瓶再走吧”，这样顺势消费的可能性就提高了。

提升集客力妙招之

4 | 欢迎外国顾客的光临

“All Staff Speak English.”（所有工作人员会讲英文。）

“We have prepared an English menu.”（我们为您准备了英文菜单。）

现在经常看到这样的英文店头 POP。

然而，最近新闻里一再提到，近来很多中国、韩国游客来到日本，展现出了惊人的购买能力。

今后不仅仅是英语，还要准备中文、韩语的店头 POP 以及菜单，或者对员工进行上述语言的培训，这类举措也会是让店铺生意兴盛起来的捷径吧。

这样的举措要领先于其他店铺实施才能拔得头筹。

另外，现在是网络时代，谁都能在网上获得信息。或许来到店里的外国客人，就是因为在博客之类的媒介上看到“推荐这家店，外国人也可以放心进店消费”这样的介绍之后，慕名而来的。

提升集客力妙招之

5 主动告知“可以使用信用卡”

进入个人经营的小店，顾客比较在意的是能否使用信用卡的问题。

尤其是寿司店，商品常常是以时价来销售的，或者原本就不明码标价。肯定有一部分客人在点菜的时候心里会提心吊胆的。

但是从顾客的角度来说，在吃饭前就问“能使用信用卡支付吗”的话，真的会觉得有些没面子。

此外，在我的朋友当中，有想要积攒飞行里程、积分等，只去能使用信用卡的店里消费的人。所以对于她来说选择店铺的标准就是“能否使用信用卡来支付”。

（都寿司 / 东京都中央区）

因此，如果事先在店头POP上强调“能使用各种信用卡消费”的话，顾客就能放心进店，店铺也不会错失只用信用卡消费的顾客群了。

像宾馆、医院这种顾客有可能因突发状况而去的地方，或者像按摩店等顾客隔了一段时间想要去的店，张贴可以刷卡消费的信息会比较好一点吧。

提升集客力妙招之

6 | 用动态道具提高醒目度

在店头挂上随风飘扬的旗帜很醒目吧。

人的目光会本能地追随着活动的东西，因此在店头挂旗帜具有吸引顾客注意的效果。

但是，请想象一下，在米其林三星的高级法式餐厅前，挂上写着“正在营业中”的随风飘扬的旗帜，会是什么样的效果？会觉得实在是不搭吧。

旗帜会给人以强烈的“平民感”和“廉价感”，如果不想给顾客留下这样的印象就不用使用旗帜。

于是我们要考虑其替代品。

在某家日式料理店的画架样式的店头 POP 上，四周装饰了雅致的米色布料，布料垂下来的部分随风摆动。

这样不仅提高了其认知率，还成功地演绎出了高档的感觉，从而提升了店铺的档次。

还有一家画廊，在店头 POP 上用线系上了一只气球，像一个小小的广告气球，非常的醒目。

也可以使用如量贩式家电店在店头的空调、电风扇上挂的那种塑料纸。在店头尝试放置一些会动的物品吧！

提升集客力妙招之

7 | 与附近的店铺多多交流

大家有没有与附近店铺的店长聊过天呢？如果没有聊过，或者连店长是谁都不清楚的话，请试着去打个招呼吧。

大家都知道网络的友情链接功能吧。

就是在一个网站上点击一下就可以访问另一个网站，将网站与网站之间连接起来的功能。重要的是要想办法在网上广交朋友。

店铺入口较多的话可以招来四面八方的客人。同样的，如果有很多朋友的话，会有越来越多的顾客通过朋友的网站而浏览到自己的网站上来。

反之，也会有很多人从自己店的网站跑到朋友的网站上去。

那么，接下来介绍一下在现实社会中，活用“链接”的几个例子。

例如，如果附近有营业时间段不同、在自己店营业的时候休业的店铺的话，可以在对方关门的时候，在其店头放置自己店的店头POP。

同时，在自己店的非营业时间段里，也在门口放置对方的店头

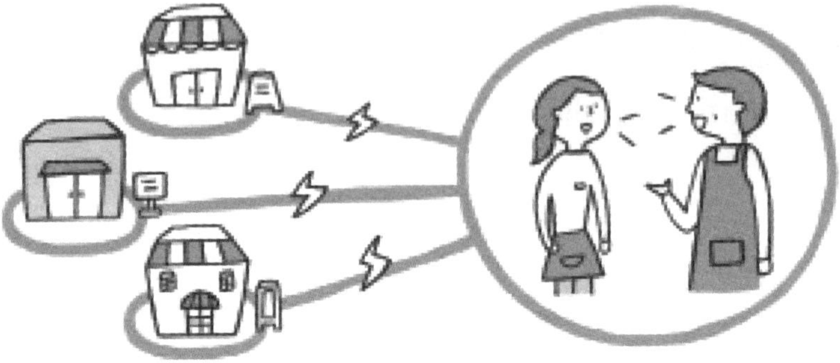

POP。

在多个场所放置店头 POP，当然要比仅在自己店前放置有更多被路人看到的机会，也就更具有集客效果。

采用以上这种方法将 POP 设置在不同地方的话，或许就可以打破自己店在地理位置上的不利条件。

此外，还可以与跟本店消费层次相似的店铺建立链接。例如，如果是美发沙龙的话，可以尝试与女性顾客较多的咖啡店、美甲沙龙、杂货店等进行合作，相互放置店头 POP。

为了让顾客到自己店的附近来，首先就应该像这样与周边的店铺建立联系、进行协作。

较好地建立双赢关系，互相促进生意的话，就能更好地招揽客源了。

提升集客力妙招之

8 消除“商业味道”

这是我在逛街的时候，不经意间被吸引的一句广告语：

希望您来尝尝本月菜品！

“本店人气第一的菜品”“推荐商品”之类的广告语很常见。

然而，像“希望您来尝尝本月菜品”这样的广告语是不是会让你忘却买卖本身，而感受到写这句话的人只是在单纯地向你推荐呢？

这是精通网络购物的某 IT 公司人士的观点，他认为“人是与人在做买卖”“无论网络或者系统多么先进，最终还是要依赖人力”。在网络世界最前端的专业人士的话语，确实感觉很有说服力。

请一定尝试一下用“希望您 ××”这样很有人情味的广告语。

提升集客力妙招之

9 | 将“店员”品牌化

以前在涩谷109百货举办的“魅力店员”活动一度成为热门话题。有很多女孩子不是去买衣服，而是冲着魅力店员而特意赶到商场里去。

不仅是商品和服务，店员也具有招揽顾客的魅力。

有的顾客会“因为喜欢那个酒保调制的鸡尾酒”，而配合着该店员的出勤日期到店里去。

因此，你也尝试一下以“今日出勤人员”的形式，在店头POP上介绍一下当天的工作人员怎么样呢？

或许会发生某店员出勤的日子里生意特别好，而某店员上班的日子则营业额低迷的情形。

然而这就是顾客对工作人员最直接的评价。在对销售额不理想的员工进行改进、提升的过程中，店里工作人员整体的水平都能得到提高。

提升集客力妙招之

10 | 使用具有“杀伤力”的推销语

我曾经在百货商场做过营业员，当时有一款极其畅销的女式凉鞋。因为非常好卖，所以一天之内要卖给顾客好多双。

在多次接待顾客的过程中，就出现了“只要说出这句话，顾客肯定会购买”的，可以说是一击即中、“杀伤力”很强的推销语。

当时有这么三句推销用语：

“鞋跟高、设计华丽，所以显得脚很纤细、很漂亮。”

“用的是施华洛世奇的人造钻石，所以其光泽是与其他产品完全不同的。”

“脚背部分带有搭扣，所以不仅美观，还比其他的凉鞋穿着舒适得多。”

不论什么商品都有这种宣扬魅力的广告语。试着将这样的广告语写到店头 POP 上吧。

店头 POP 是店长的分身，所以必须包含有店长的理念。但是，日常实际接触顾客的店员，他们可能更了解能够吸引顾客的“强有力的语言”。

不能将店头 POP 的制作全权托付给店员，但如果很好地吸收员工的意见的话，或许能够制作出更有集客力的 POP。

提升集客力妙招之

11 | “QQ 的！”“软软的！”强调感觉

再介绍一个措辞上的技巧。

人类对形象的拟态词缺乏免疫力。

举个例子吧：

比较一下下图中的 A 和 B，感觉怎么样呢？像 B 那样只是加了一个词，感觉就有了很大的变化。

除此之外还有弹弹的、滑滑的、闪闪发光的、活蹦乱跳的、丰满而富有弹性的、热乎乎的、柔软而有弹性的、松软热乎的、硬邦邦的等等。

请一定要试着在店头 POP 中加入适合自己店商品的、有效的拟态词。

A “御手洗丸子（一种用葛粉和日本酱油做的丸子）”
B “QQ 的御手洗丸子”

A “肉包”
B “热乎乎的肉包”

提升集客力妙招之
12 立体化策略

在浏览某咖啡馆店头POP的时候，我不由得发出了“咦”的一声。

这个店头 POP 用了较大的一块黑板，上面贴着看上去很美味的甜点的照片，有菜单介绍，贴着标签，还配有很可爱的插图。

但还不仅仅是这些。

（Grandma’s GEORGES / 东京都涩谷区）

仔细一看发现，有几种甜点的照片是贴在与照片大小刚好的、约一厘米厚度的泡沫上的。

这样一来，美味甜点的照片看上去好像浮起来，要飞到人的眼中来了一样。

而且，在这个 POP 上既有贴在泡沫上的照片，也有没贴在泡沫上的照片，这样又突显出了立体感，给人以错落有致的感觉。

只是稍微花了点心思，却很引人注目，请务必尝试一下。

提升集客力妙招之

13 与传单搭配使用

在本书第2章中提到，将店头POP与广告传单配合着使用，可以提高“（对这家店）有兴趣但今天去不了”这样的顾客下次再到店里来的可能性。

但是，并非仅仅将传单附在店头POP上就可以了，而要将传单设置得“便于顾客带走”。

绝对要避免的是让顾客弯腰这件事。就像街头免费派发纸巾一样，即使纸巾递到了跟前也有人不接受。首先一定要记住路过的顾客比你想象得还要怕麻烦。

因此，为了尽量给顾客提供方便，注意要把传单放置在腰部高度的位置。

另外，如果在店头POP上写上“今日的优惠券全都在这个箱子里了”之类的话语，或许更能吸引顾客的注意，从而促使他们将传单带回家。

提升集客力妙招之

14 | 提供一些专业小知识

某占卜店的店头 POP 上画着一个大大的手掌的插图。在插图上介绍着哪条线是感情线、命运线和婚姻线。让我不知不觉就停下了脚步，对比着看自己的手掌。

还有一家占卜店，在店头 POP 上贴着“请拿取本月运势、开运传单”的标签纸，同时附上了传单。我又被吸引住了，带走了传单。

像这样在店头 POP 上向顾客讲解专业小知识，也是让顾客停下脚步的一种技巧。

顾客对晦涩难懂的专业术语敬而远之，但对那种能成为谈资的小杂学、小知识却很感兴趣。

尝试着在店头 POP 上，发布一些你的业种、行业相关的知识，或许会取得不错的效果。

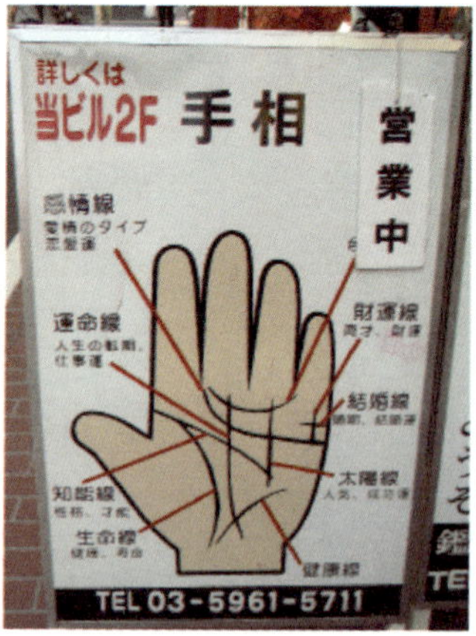

（高嶋易断圣宝阁 / 东京都丰岛区）

提升集客力招数之
15 倾斜一点

为了让店头 POP 醒目一点，有一种办法是将其放置得稍微倾斜一点。

在人们的认知当中，店头 POP 原本应该是与地面平行或者是垂直的，所以斜着放就会吸引行人的注意力。

如右图照片所示，只是张贴的角度稍微倾斜了一点，就显得非常醒目了。这家店是做铁板烧的，在铁板上写上文字，斜着贴附在 POP 上。

（TAMM / 东京都目黑区）

通过有意的倾斜，制造出不平衡感，吸引了顾客的目光。

常看到有些店为了介绍每日更新菜单或者特别商品，会在店头 POP 上贴上 A4 纸大小的广告单。如果有意斜着贴的话会更引人注目的吧！

提升集客力妙招之

16 | Only For You

从店方的角度来说，因为希望很多的顾客到店里来，所以会考虑尽可能向更多人进行宣传。

然而，或许可以反其道而行之，通过锁定目标消费层，即使不能吸引很多的人却“能让特定的一个人一定会选择本店”，我们可以制作这样的店头 POP。

我在有“老奶奶的原宿”之称的东京巢鸭的餐饮店，发现了锁定目标消费层的信息。

那就是“奶奶的午餐”。

以“奶奶的午餐”这样的广告语或许没法吸引小孩、年轻女性以及男性顾客。

但是，一定能吸引“老奶奶”的注意力。

还有更有勇气、更让人佩服的店，那就是位于原宿竹下路的一家咖啡馆。

在这家咖啡馆的店头POP上写着“竹下路唯一一家成人能进的店”这样的宣传语。

（日式料理 加濑政／东京都丰岛区）

说到竹下路，年轻孩子比较多，不怎么看得到成年人。也就是说能成为这家店的顾客的人数很少，尽管如此还特意打出了“成人的店”的广告。这是一般的店不容易做到的。然而正是因为这样，这家店成功地向其目标消费层做了强有力的宣传。

虽说如此，也并非只要锁定目标顾客层就好了。如果不能刺激顾客的潜在消费需求的话就毫无意义了。实际上，我本人就是因“竹下路上没什么我能进去消费的店”而感到苦恼的人之一。所以我才会被这家咖啡店所吸引。

在读懂顾客潜在需求的基础上，来试着锁定目标消费层怎么样？

提升集客力妙招之

17 | 加入人物元素

在店头 POP 上贴上照片或者画上插图的话，会比光有文字的内容更吸引人。尤其是放上人物照片或者插图的话就更引人注目了。

美国店头 POP 的起源，据说是西部大开发时代在烟草店门口放置的印第安人偶。自古以来人类就有这样的本能习性，当附近有人的时候注意力就会不自觉地被吸引过去。

请看下图。

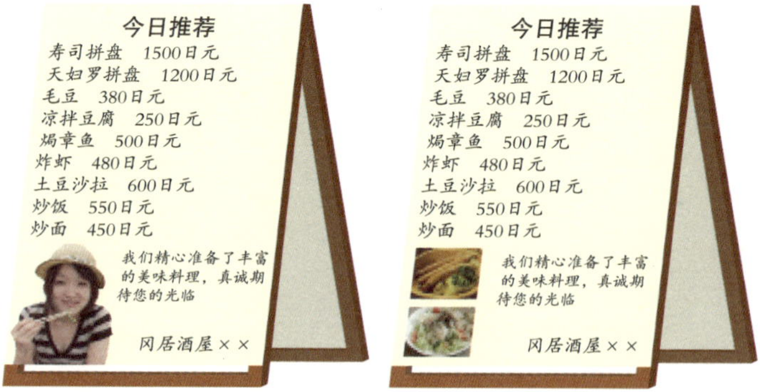

哪一个更吸引你的目光呢？

左边的店头 POP 贴了人物的照片，右边的只贴了菜品的照片。哪个更能吸引人的目光呢？应该是左边那个吧。能感受到这家店很容易亲近，顾客和店铺之间的障碍一下子减少了。

（noggi / 东京都中央区）

话虽如此，若是 POP 上只贴满了人物照，而没有介绍“经营什么样的商品或者菜品”的话，即使吸引了行人的目光也毫无意义。将容易亲近的形象和店的基本信息组合起来使用会比较好一点。

顺带提一下，虽然这是作为番外篇来介绍的，但也确实有着人偶的放置方法。

在银座某家酒吧门口放置着人体模特，穿着熨得很平整的衬衫、裤子，系着领带，还围着长长的侍者围裙。并且两手在胸前交叉着，一瞬间我还以为是男服务员在门口迎宾，注意力不经意间就被吸引过去了。

提升集客力妙招之

18 | 故意不设置店头 POP ！

在发工资后的周五，店里常常会出现满座现象。

这个时候经常看到有些店铺门口放着“今日已满座”的店头 POP。这样就省去了顾客一个个进店询问“还有空位吗”的麻烦，从这个角度来说是考虑得很周到的。

但是，故意不设置店头 POP 其实也是一种办法。

这样的话，会让以为还有空位的顾客白跑一趟，或许你会觉得对不住顾客。

然而，当顾客进到店里的时候，可以试着表达“您好不容易光临本店，这代表了我们的一点歉意”之类的意思，然后将下次能使用的优惠券送给顾客。

用店头 POP 来回绝顾客或许比较周到，也比较省事，但是在郑重地接待顾客的同时将打折券送出去，本人认为更有利于提升顾客下次的到访率。

结束语

至此已经给大家介绍了店头 POP 的优点、缺点，以及充分利用店头 POP 价值的各种方法，最后我还想告诉大家一点。

那就是“做好的店头 POP 一定要以照片来存档”。

并非像“好像以前应该做过类似的 POP……”这样靠记忆来记录，而要附上日期、天气等信息，像博客和日记那样仔细地作好记录。

在此基础上，将存档的照片与营业额数据对照着看一下。

这样就会发现“放这个 POP 的时候，新顾客比较多”“这个 POP 没什么集客效果”，从而慢慢就能摸索出自己的店受顾客欢迎的 POP 类型。

做好这项工作，就能抓住提升营业额的窍门和充分利用店头 POP 的窍门。

在本书最后的附录中，将介绍我在街头发现的创意 POP。街上到处都有很棒的店头 POP。

诸位也一定要到街上逛逛研究一下，以进一步提高自己店的营业额。

中村心

书末附录 各业态店铺精彩POP创意

时装店·杂货铺

亲切的广告语、身边的热门话题，让人不经意间驻足。

carcru omotesando
东京都涩谷区

JIKAN SYTLE 表参道店
东京都涩谷区

美容店·按摩店

一个要点的推荐，吸引住了女人的心。

Raffin é　阿美横町店
东京都东台区

Jurlique shop　白金台
东京都港区

便利店

同样都是连锁店，用一块POP就突显出了自己的个性。

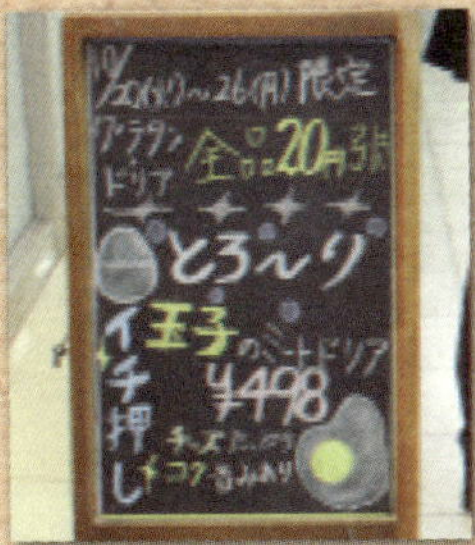

目黑青叶台一丁目店
东京都目黑区

NATVRAL Lawsow
神宝町 Metro pia 店
东京都千代田区

咖啡馆·西餐厅

花心思向顾客传达本店特有的氛围。

café de 武
东京都涩谷区

Jolly Kitchen
东京都江东区

café de 武
东京都涩谷区

café de 武
东京都涩谷区

甜品店

每个店头POP都能让人联想到店里的美妙。

La Farine
东京都港区

L'oiseau de Lyon　总店
东京都文京区

Zest Cantina 惠比寿店
东京都涩谷区

PRONTO 茅场町店
东京都中央区

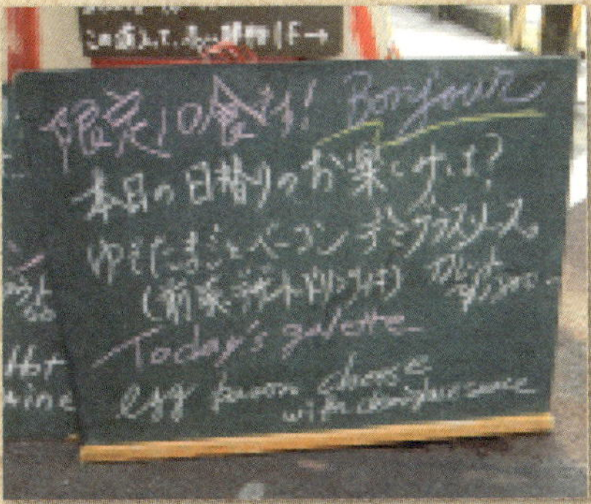

La Fee Delice
东京都涩谷区

La Fee Delice
东京都涩谷区

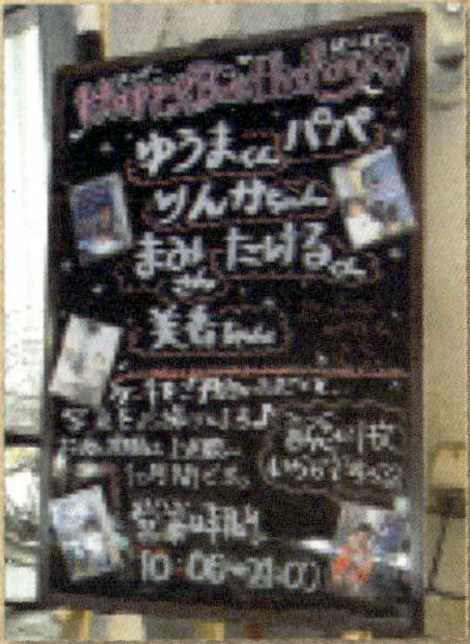

西点 ISOZAKI 门前仲町店
东京都江东区

西点 ISOZAKI 门前仲町店
东京都江东区

小酒馆·酒吧（时尚篇）

顾客被传递着菜肴温度的语言、照片所吸引，插画魅力十足。

Oshio ATARU 店
东京都中央区

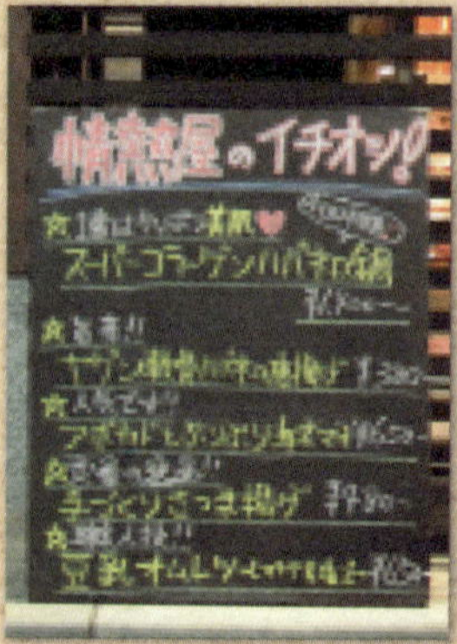

时令烧烤和大豆料理 情热屋
东京都江东区

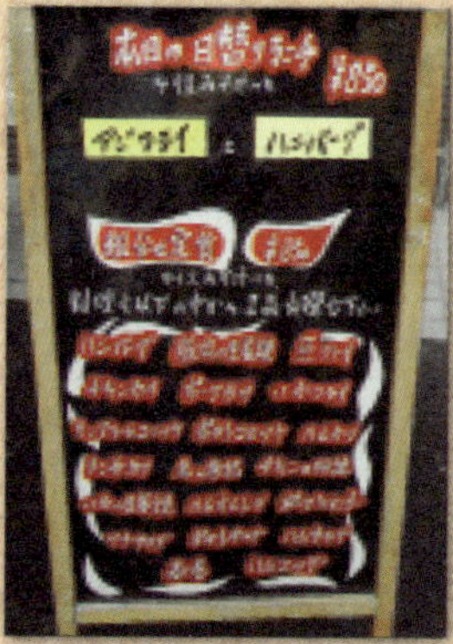

TAMM
东京都目黑区

TAMM
东京都目黑区

JS lennep
东京都千代田区

Cafe & bar VIBE
东京都涩谷区

Wine&Bistro QUADRELLA
东京都中央区

Wine&Bistro QUADRELLA
东京都中央区

HUB 日比谷店
东京都千代田区

HUB 日比谷店
东京都千代田区

BISTRO jeujeu
东京都中央区

JS lennep
东京都千代田区

小酒馆·酒吧（和风篇）

展示了店方在菜品、酒类上的特色。

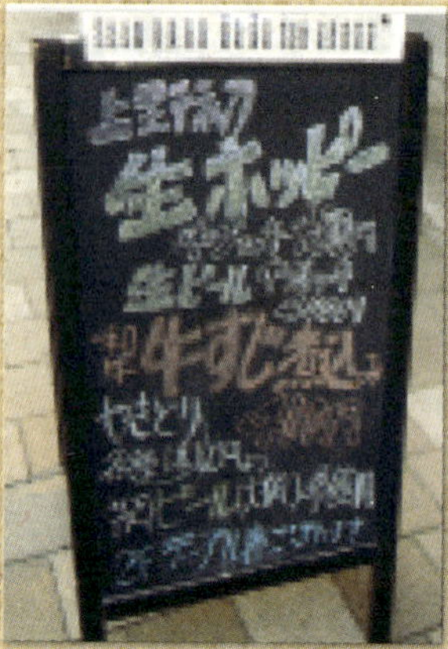

立饮西乡
东京都台东区

立饮西乡
东京都台东区

某店
东京都江东区

祭屋
东京都中央区

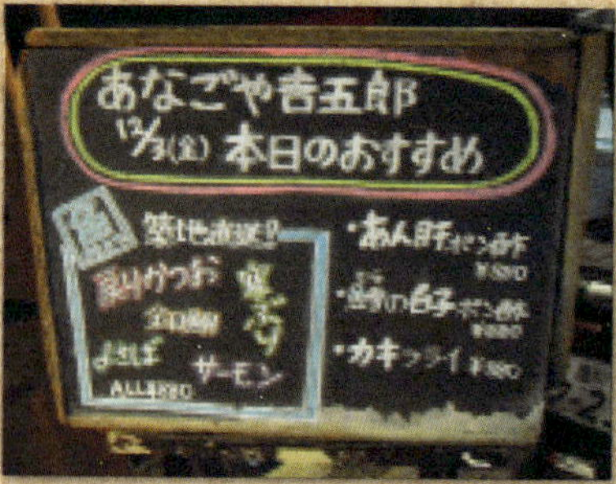

穴子屋吉五郎
东京都中央区

火之国居酒屋 雾 岛 日比谷店
东京都千代田区

“服务的细节”系列

《卖得好的陈列》：日本“卖场设计第一人”永岛幸夫

定价：26.00 元

《为何顾客会在店里生气》：家电卖场销售人员必读

定价：26.00 元

《完全餐饮店》：一本旨在长期适用的餐饮店经营实务书

定价：32.00 元

《完全商品陈列 115 例》：畅销的陈列就是将消费心理可视化

定价：30.00 元

《让顾客爱上店铺 1——东急手创馆》：零售业的非一般热销秘诀

定价：29.00 元

《如何让顾客的不满产生利润》：重印 25 次之多的服务学经典著作

定价：29.00 元

《新川服务圣经——餐饮店员工必学的 52 条待客之道》：日本“服务之神”新川义弘亲授服务论

定价：23.00 元

《让顾客爱上店铺 2——三宅一生》：日本最著名奢侈品品牌、时尚设计与商业活动完美平衡的典范

定价：28.00 元

《摸过顾客的脚才能卖对鞋》：你所不知道的服务技巧，鞋子卖场销售的第一本书

定价：22.00 元

《繁荣店的问卷调查术》：成就服务业旺铺的问卷调查术

定价：26.00 元

《菜鸟餐饮店 30 天繁荣记》：帮助无数经营不善的店铺起死回生的日本餐饮第一顾问

定价：28.00 元

《最勾引顾客的招牌》：成功的招牌是最好的营销，好招牌分分钟替你召顾客！

定价：36.00 元

《会切西红柿，就能做餐饮》：没有比餐饮更好做的卖卖！ 饭店经营的"用户体验学"。

定价：24.00 元

《制造型零售业——7-ELEVEn 的服务升级》：看日本人如何将美国人经营破产的便利店打造为全球连锁便利店 NO. 1！

定价：38.00 元

《店铺防盗》：7大步骤消灭外盗，11种方法杜绝内盗，最强大店铺防盗书！

定价：28.00元

《中小企业自媒体集客术》：教你玩转拉动型销售的7大自媒体集客工具，让顾客主动找上门！

定价：36.00元

《敢挑选顾客的店铺才能赚钱》：日本店铺招牌设计第一人亲授打造各行业旺铺的真实成功案例

定价：32.00元

《餐饮店投诉应对术》:日本23家顶级餐饮集团投诉应对标准手册，迄今为止最全面最权威最专业的餐饮业投诉应对书。

定价：28.00元

《大数据时代的社区小店》：大数据的小店实践先驱者、海尔电器的日本教练传授小店经营的数据之道

定价：28.00元

《线下体验店》：日本“体验式销售法”第一人教你如何赋予O2O最完美的着地！

定价：32.00元

《医患纠纷解决术》：日本医疗服务第一指导书，医院管理层、医疗一线人员必读书！ 医护专业入职必备！

定价：38.00元

《迪士尼店长心法》：让迪士尼主题乐园里的餐饮店、零售店、酒店的服务成为公认第一的，不是硬件设施，而是店长的思维方式。

定价：28.00元

《女装经营圣经》：上市一周就登上日本亚马逊畅销榜的女装成功经营学，中文版本终于面世！

定价：36.00元

《医师接诊艺术》：2秒速读患者表情，快速建立新赖关系！ 日本国宝级医生日野原重明先生重磅推荐！

定价：36.00元

《超人气餐饮店促销大全》：图解型最完全实战型促销书，200个历经检验的餐饮店促销成功案例，全方位深挖能让顾客进店的每一个突破点！

定价：46.80元

《服务的初心》：服务的对象十人百样，服务的方式千变万化，唯有，初心不改！

定价：39.80元

图书在版编目（CIP）数据

服务的细节 036：店长手绘　POP 引流术 /（日）中村心 著；余湘萍 译．
—北京：东方出版社，2015.12
（服务的细节）
ISBN 978-7-5060-8888-6

Ⅰ.①服…　Ⅱ.①中…　②余…　Ⅲ.①商店—营销服务　Ⅳ.① F717

中国版本图书馆 CIP 数据核字（2016）第 006496 号

店长手绘 POP 引流术
36:DIANZHANG SHOUHUI POP YINLIUSHU）

］中村心
湘萍
雁行　高琛倩
东方出版社
人民东方出版传媒有限公司
：北京市东城区东四十条 113 号
编：100007
印　　刷：北京文昌阁彩色印刷有限责任公司
版　　次：2016 年 3 月第 1 版
印　　次：2018 年 9 月第 3 次印刷
开　　本：880 毫米 ×1230 毫米　1/32
印　　张：6.75
字　　数：140 千字
书　　号：ISBN 978-7-5060-8888-6
定　　价：39.80 元
发行电话：（010）85924663　85924644　85924641

《最强导购成交术》：解决导购员最头疼的 55 个问题，快速提升成交率！
定价：36.00 元

《帝国酒店——恰到好处的服务》：日本第一国宾馆的 5 秒钟魅力神话，据说每一位客人都想再来一次！
定价：33.00 元

《服务的细节 029：餐饮店长如何带队伍》：解决餐饮店长头疼的问题——员工力！ 让团队帮你去赚钱！
定价：36.00 元

《服务的细节 030：漫画餐饮店经营》：老板、店长、厨师必须直面的 25 个营业额下降、顾客流失的场景
定价：36.00 元

《服务的细节 031：店铺服务体验师报告》：揭发你习以为常的待客漏洞 深挖你见怪不怪的服务死角 50 个客户极致体验法则
定价：46.80 元

《服务的细节 032：餐饮店超低风险运营策略》：致餐饮业有志创业者 & 计划扩大规模的经营者 & 与低迷经营苦战的管理者的最强支援书
定价：42.00 元

《服务的细节 033：零售现场力》：全世界销售额第一名的三越伊势丹董事长经营思想之集大成，不仅仅是零售业，对整个服务业来说，现场力都是第一要素。

定价：38.00 元

《服务的细节 034：别人家的店为什么卖得好》：畅销商品、人气旺铺的销售秘密到底在哪里？到底应该怎么学？人人都能玩得转的超简明 MBA

定价：38.00 元

更多本系列精品图书，敬请期待！